WAKU♥WAKU
帯結び

小松希巳子
加藤待子
菅原佳子

『WAKU♥WAKU帯結び』に寄せる想い

新美容出版株式会社は、1919年（大正8年）創業以来、美容業界の歴史を皆様と共に刻み、共に歩ませていただいてまいりました。美容師さんに女性が多かった初期の頃から、男性の美容師さんが加わり、男性の占める割合が急増し、経営も個人営業から有限会社、株式会社、さらには上場会社に至るまでに展開される昨今となりました。

全ての事に二極化現象が起こる中、美容業界も職人精神型の諸先生方と、ビジネス志向優先型の諸先生方との間で、時として不協和音が起こりがちになり、次第に向かう未来も異なってきているように感じられるこの頃ですが、いかに他業種と関わり、マスコミが美容業界に熱い視線を投げかけたとしても、美容師の皆様には、いつの時代も変わらない美容業界の基盤となる精神と想いを継承し続けて欲しいものだと願っております。

弊社が長年にわたる定期刊行本『しんびよう花嫁』を休刊後、世代を超えたセッションという新しい形式で和装の単行本を発行してまいりましたのは、和装、着付け、花嫁の世界をただ継承するだけではなく、時代に応じた新たな工夫を加えて次世代参加型の世界にするため、そして、和装の現場において長年生きた技術を身に付け、実践なさっていらした諸先生方の目を見張る技術と工夫の数々を、多くの美容師さん方にも伝えたいと願ったからに他なりません。両者の間に、共に未来につながる『虹の橋』をかけることが出来たら、きっとお互いの素晴らしい才能と感性が共鳴し合って一般の人々も驚くほどの世界が展開できるに違いない、と考えたからです。快くその提案をお受けくださった諸先生方のお力で2000年に『アップヘアと創作帯結び』、2001年に『ショートヘアアレンジと創作帯結び』、そして、2002年に『継承―結髪師』を出版させていただきました。

全てのことが一世一代で終わってしまうなら、文化というものは残るすべもありません。『継承』する大切さは技術については特に重要なことです。何でも簡単に手に入るかのように見える現在ですが、諸先生方の技術は一旦失われてしまったら、ゼロから再び構築されることがどんなに困難なことかを危機感と共に感じていらっしゃる方々は少なくないでしょう。特に若い方々がこの業界の宝物である和装の素晴らしさに気づかないまま、そこにたくさんの夢と創作のヒントが確固として存在することに気づかないまま、美容に行き詰まってしまうことのないように等々…語り尽くせない想いを込めて、この度、楽しく帯を結ぶことから和装の面白さ、深さを知っていただけるように「BASIC×BASIC do!シリーズ」から『WAKU♥WAKU帯結び』を刊行する運びとなりました。

私どもの主旨と想いを御理解いただき、快くお力をお貸しただいた小松希巳子先生、先生の主宰なさる全日本華秀会の師範講師加藤待子先生、菅原佳子先生の諸先生方に、それぞれの世代の感性を活かして現場で活用出来る帯結びをご提案いただきました。惜しみないご協力に心から感謝申し上げます。

この本が皆様の和装への大きな可能性を秘める『一歩』となることを、そして、確かな技術を持つ美容師さんお一人お一人の手で、和装が再び活気ある世界となることを願ってやみません。

新美容出版株式会社

目次

着付けの名称（前姿）

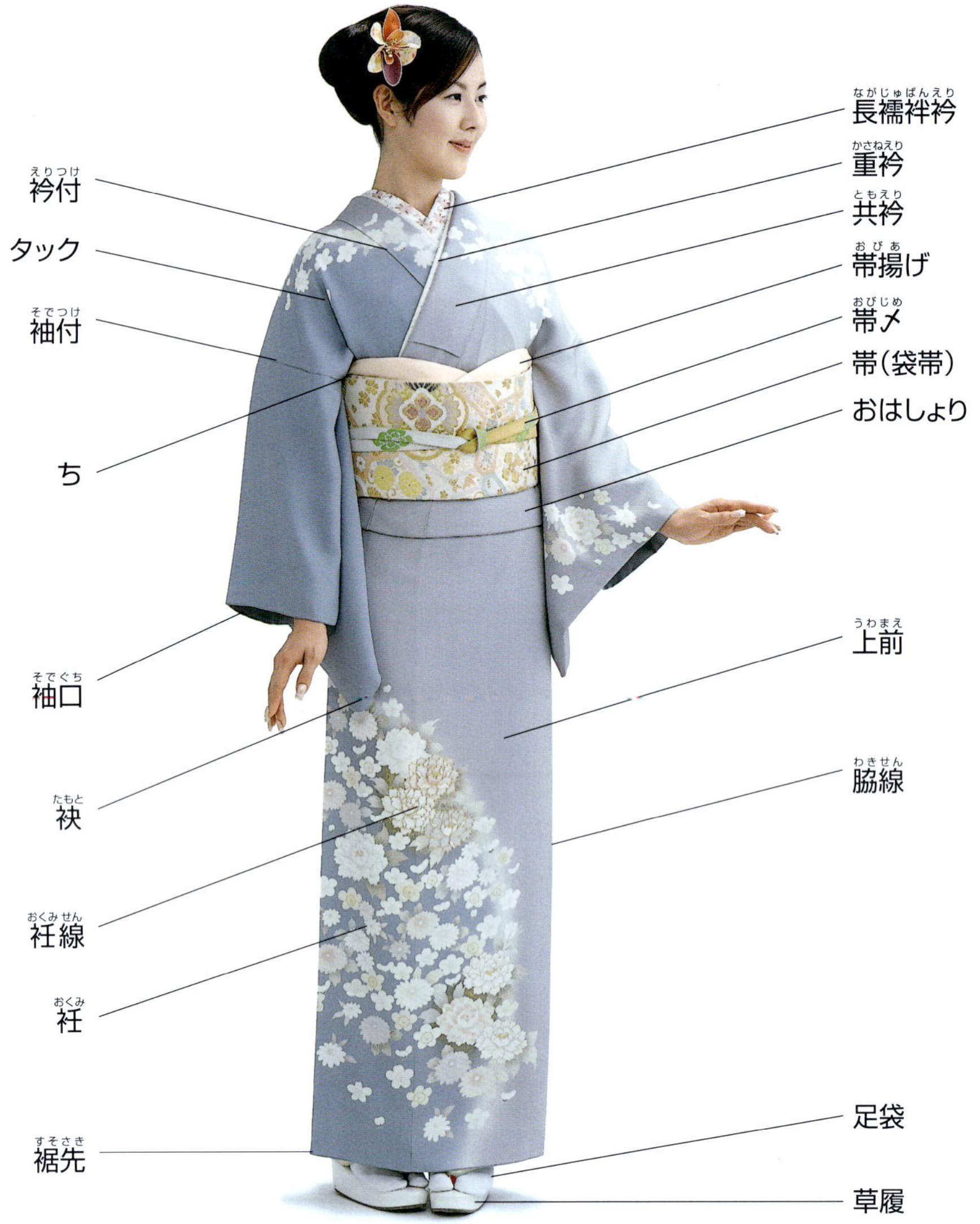

長襦袢衿《ながじゅばんえり》
重衿《かさねえり》
共衿《ともえり》
帯揚《おびあ》げ
帯〆《おびじめ》
帯（袋帯）
おはしょり
上前《うわまえ》
脇線《わきせん》
足袋
草履
衿付《えりつけ》
タック
袖付《そでつけ》
ち
袖口《そでぐち》
袂《たもと》
衽線《おくみせん》
衽《おくみ》
裾先《すそさき》

着物の名称

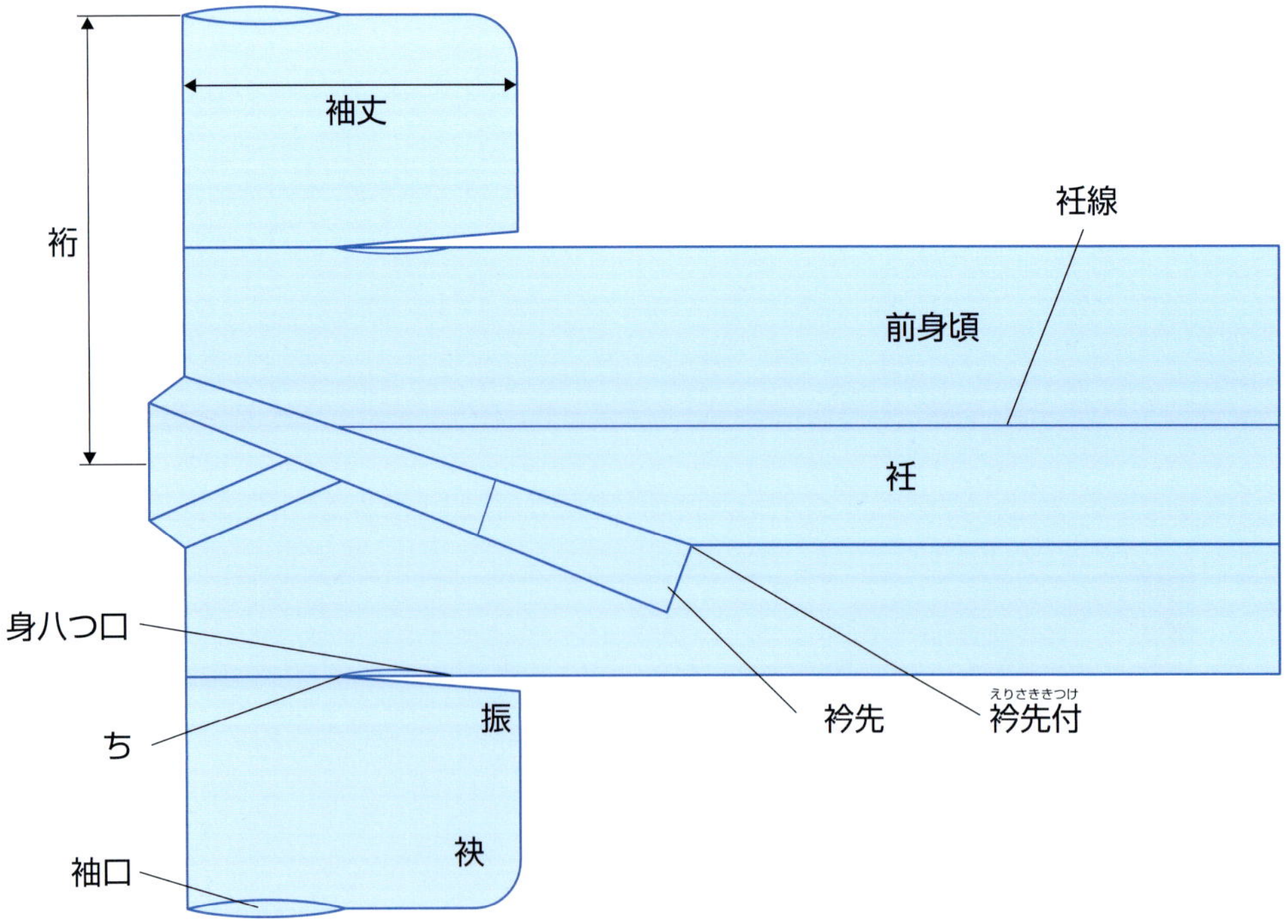

袖丈
裄
衽線
前身頃
衽
身八つ口
ち
振
袂
袖口
衿先
衿先付《えりさきつけ》

着付けの名称（後姿）

使用した帯について

種　類	特　　徴	用　途	帯　幅	帯の長さ
丸　帯	通常の帯幅の倍に織られた帯地を二つ折りにして仕立てた帯。両面共に同柄、同材質。	留袖　訪問着　振袖	30～32cm	4m～4m20cm位
袋　帯	表側に格調の高い帯地を使用し、裏側は無地、又は別の柄。	留袖　付け下げ　訪問着　色無地　振袖	30～31cm	4m20～4m50cm
半幅帯	通常の半分の幅の帯。表と裏で柄が違うリバーシブルになっているものもある。	浴衣　紬など気楽なおしゃれ着に使用する	15cm	3～4m

■**全通柄**：基本となる柄（一通）が8柄（八通）ある総柄の帯。

■**六通柄**：基本となる柄一手（一通）が手先にあり、胴に巻きつける部分二手（二通）は無地、残りの五通、計六通が柄になっている帯。

帯結びの道具

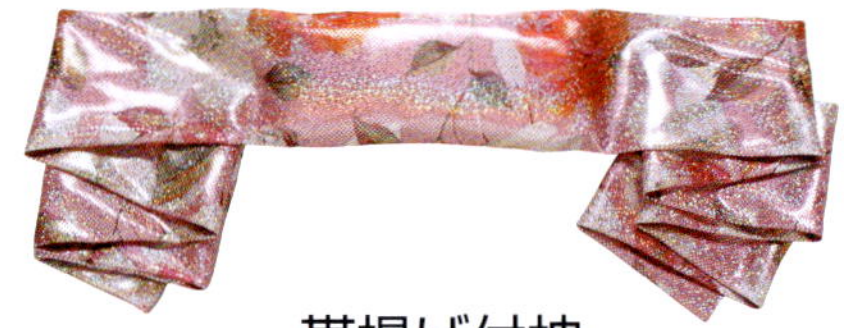
帯揚げ付枕

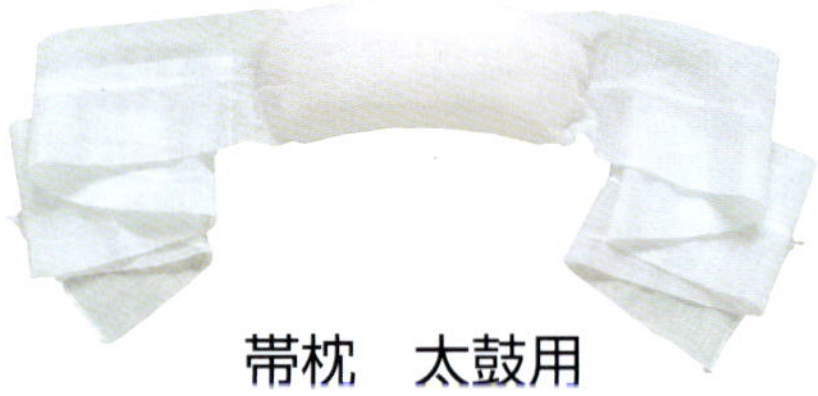
帯枕　太鼓用
文庫用もあります

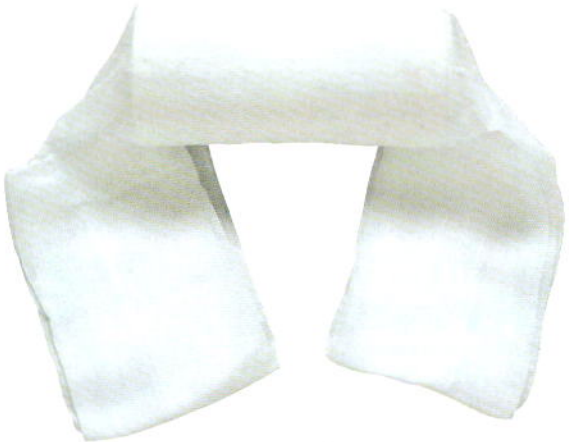
丸帯枕
文庫や舞妓結びに使用します

帯揚げ（鹿の子）

帯揚げ（リンズ）

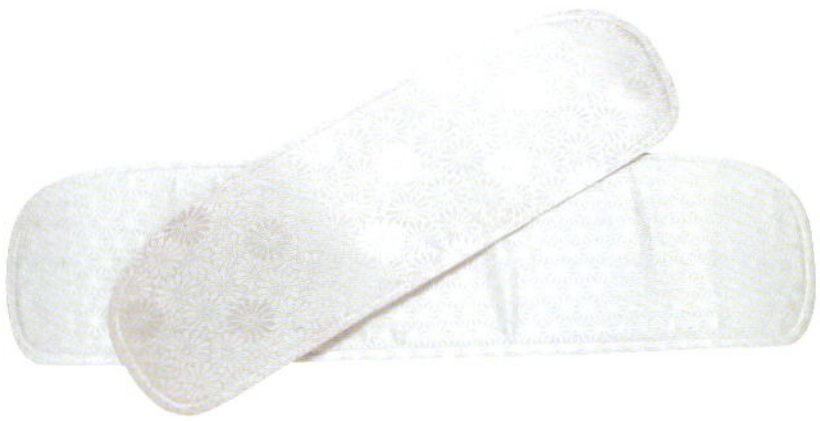
布張りの帯板

中振用帯板

華秀板
帯幅が足りない時、色味がほしい時、
飾り帯板として使用します

飾り衿と飾り帯板

クリップ類、
メモリアルクリップ
衿止めや帯結びに使用します

フィットゴム紐
ヒダを止めます

三重ゴム紐
帯結びに使用。くぐらせて使います

四重ゴム紐フック
帯結びに使用します

腰当て布、胸当て布
ボディ補正を押さえる布です

帯〆

三分紐と帯止め

平織組帯〆

丸ぐけ

伊達締め

伊達締め ロング（4m20㎝）
胸から4巻します。胸紐をはずしたい時に使用します

伊達締め（2m20㎝）
中振袖や着物の伊達締めに使用します

紐（モスの紐）

帯結び目次

太鼓系

文庫系

成人式
舞妓さん

44

成人式
華文庫

48

成人式
ごきげんな私

52

基本型

40

ヴァリエーション
つぼみ

56

ヴァリエーション
江戸好み

60

ヴァリエーション
香り立つ

64

立矢系

成人式　星に願いを

72

成人式　花鼓

76

成人式　ちぎり

80

基本型（相合結び）

68

ヴァリエーション　はじらい

84

ヴァリエーション　はなみずき

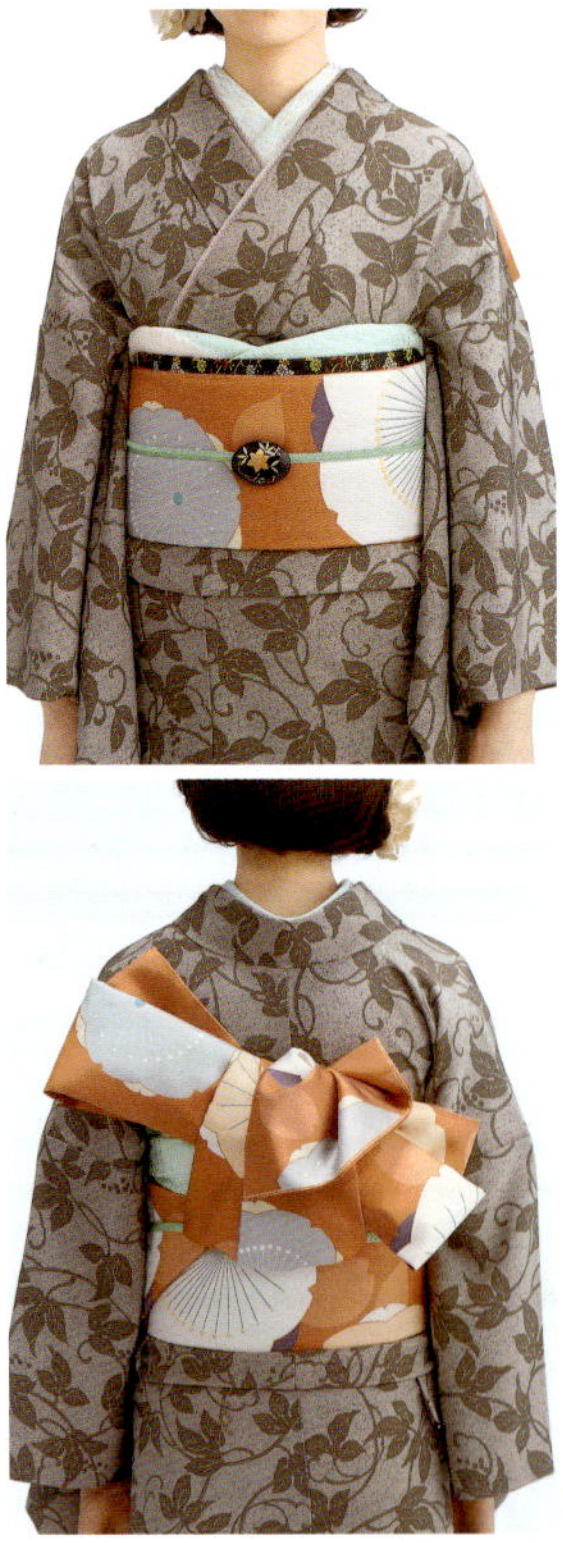

88

ヴァリエーション　ちょうちょ

92

浴衣

リボンちゃん

102

夏空

104

笑み

106

ふわふわ

107

ひまわり

108

貝の口

110

創作帯結び

希巳子ヒダ変化《へんげ》

太鼓系

文庫系

立矢系

112

モネの庭

116

イヴの日

120

太鼓の基本型

二重太鼓はすべての帯結びの基本です。訪問着、付け下げ、小紋、留袖と幅広く使われています。

二重太鼓を結ぶ帯は、西陣や綴、箔物、唐織と高価な帯が多く、面の美しさを最も重要視して結びます。

1 帯幅を1/2幅にし、胴に二巻きし、帯の織出し線を背中心に決めます

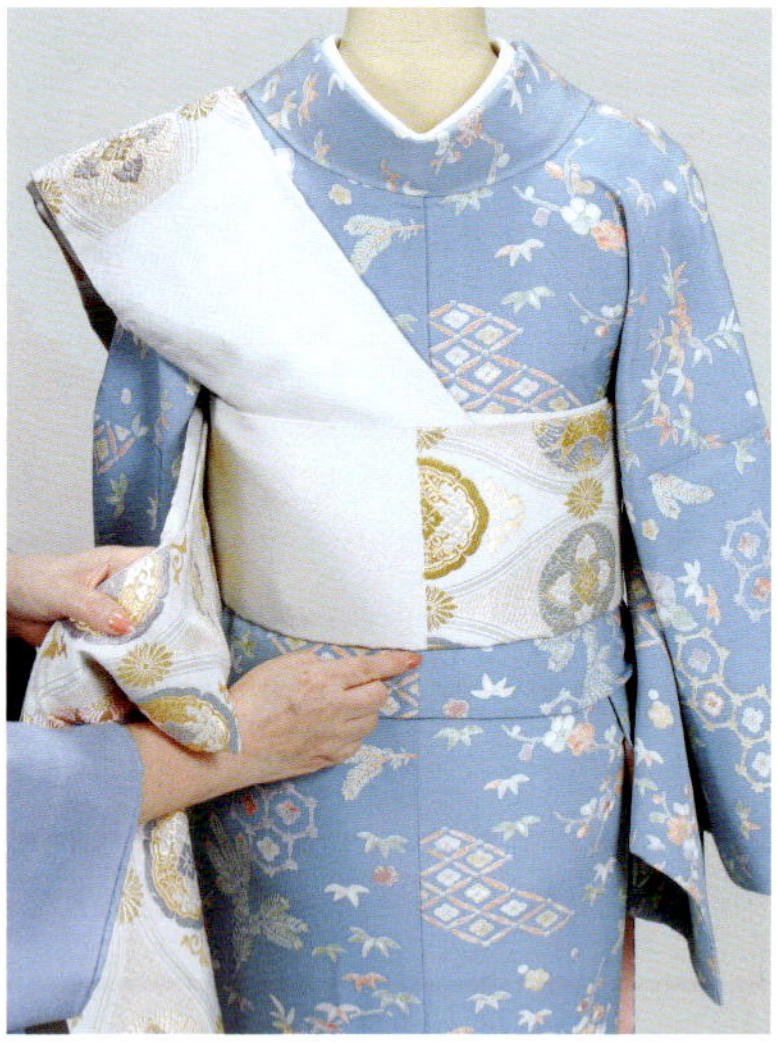

2 二巻き目の帯を胴に添わせ、手を下げ交わった下辺中心でクリップを止めます

3 垂元の延長を右手、左手写真の様に持ち

4 時計の反対回りに返します。布目をピンと張り

5 正目に布目を正し、背の位置を決めて

6 左手でタレ元の中に手を入れ、垂先より38～40cmをひろい上げ

7 帯枕をあて、枕幅の底辺を真っ直ぐにし、乗せ込み

8 背中心を決めて、ピタッと背中に合わせ

9 帯枕の紐を前に送り、結びます

10

垂の長さをチェックしましょう。帯幅は普通30～31㎝幅です。それを直角に折り、その上に枕の位置があれば標準寸法に仕上がります

11

帯の柔らかさによっては、この様に長目の枕を使用します

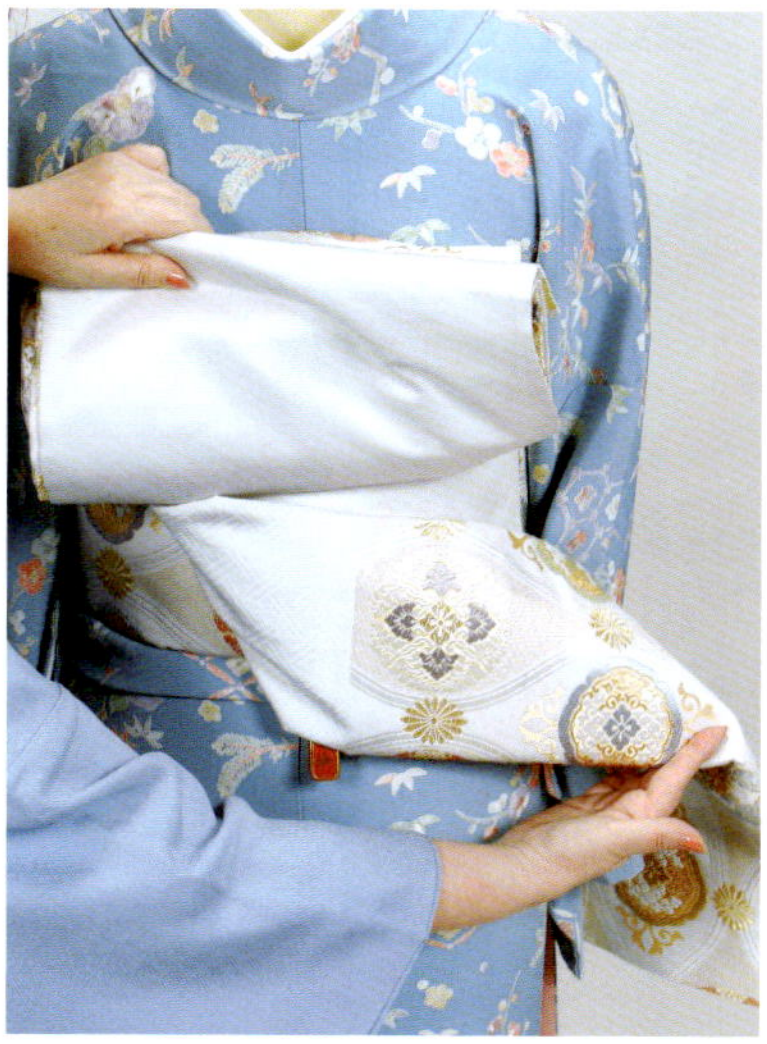

12

手元の処理に入ります。手は一旦右にぐっと引きます（胴回りが締まる効果があります）

13

太鼓の長さを30㎝に決め

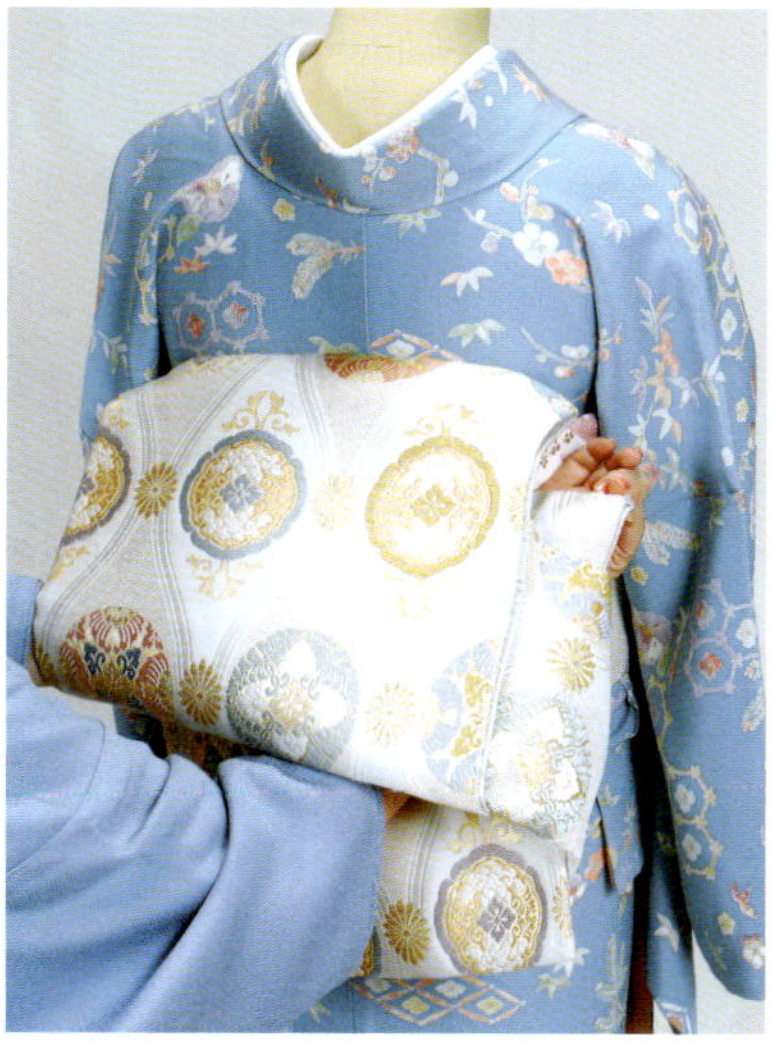

14

太鼓を折り上げ

15

手先を右から左に入れ
（㊟＝手先の長さがない場合＝ふくよかな方の場合は手先を左から右に入れると良いでしょう）

16

布目を整え、太鼓の幅より3㎝手先を出し、帯〆をします

17

右側は帯幅に添わせ、太鼓の折り上がった位置と垂と手元の折り込んだ接点の3点を合わせます

18

二重太鼓の仕上がりです。垂の長さは7～8㎝位が美しいでしょう。帯に深いしわが出来ないように、帯を結ばない方法で仕上げてみました

太鼓系

春の訪れ

成人式

太鼓系／成人式　春の訪れ（屏風太鼓）

やせ形のお嬢様にピッタリな帯結びです。背中一杯に帯があり、車に乗る時や、椅子にもたれた時にも形くずれしません。長時間のお祝い事の時も安心です。

1 織出し線を中心に決め、胴に二巻きし

2 背中心より6cm右寄りの位置で

3 一つ追いヒダをとり

4 背中心で直角に折り上げ、手を下に下げ

5 三重ゴム紐で押さえます

6 〔手先ヒダの折り方〕手先より35cmの位置で$\frac{1}{2}$幅にし、折り返し、さらに一つ追いヒダをとり、カラーバンドで結びます

7 カラーバンドのゴム紐の間で羽根が開く様につまんでおきます

8 三重ゴム紐の二本目、三本目で手先ヒダを×掛けにしておきます

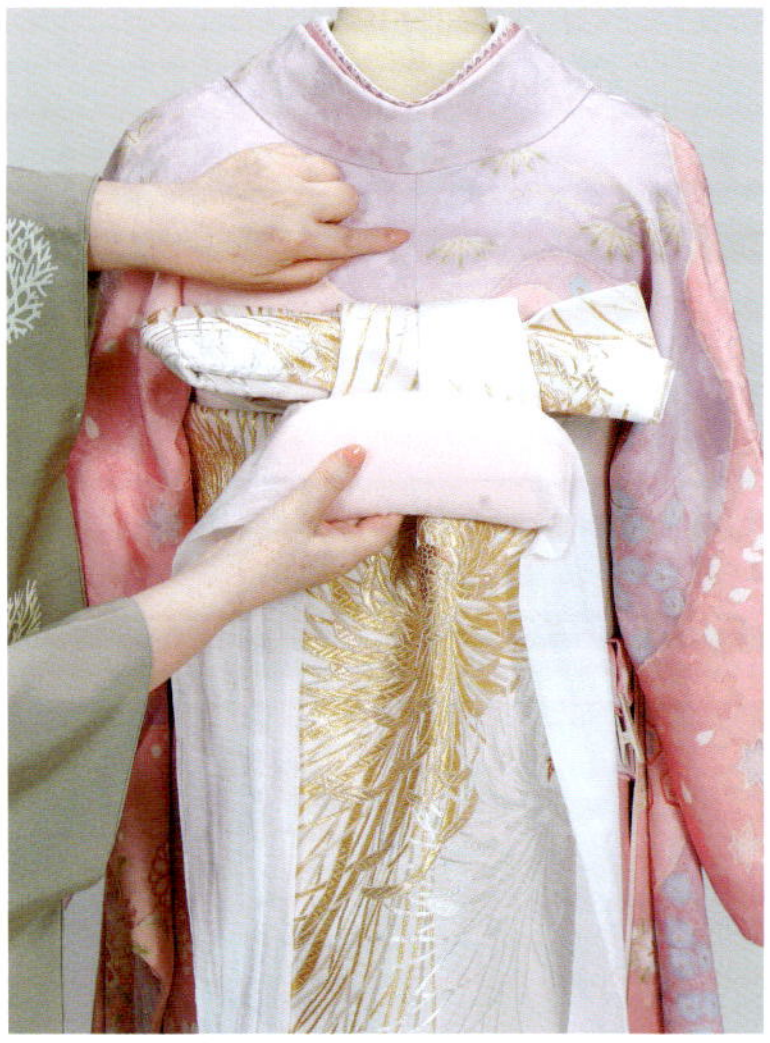

9 帯枕の位置は左手で指さした位置まで持ち上げ、収めます

10
枕を入れ、ゴム紐に指をかけ、一緒に持ち上げ

11
⑨で指さした位置まで収めた所です（見やすい様に手を上げてあります）

12
表を見て折り上げから始まる5㎝幅七～九枚の屏風ヒダをとり

13
太鼓の中に入れ込む様に屏風ヒダを

14
中心におき

15
一枚ずつグラデーションをつけて

16
帯幅に合わせて弧を描きながら仮紐をします

17
太鼓の長さを25～28㎝に決め

18
帯〆をし、仮紐を抜いて形を整えます

二十歳の日

成人式

太鼓系／成人式　二十歳の日

昔から受け継がれてきた皇室系、お祝い帯結びです。
《1：先に手先の四つヒダを作っておいて結ぶ方法（手順①～④、そして⑦へ）
2：通常の帯結びの手順で進めて途中でテ先の四つヒダを作る（⑤と⑥）方法があります》

1 太鼓ですので、柄止まりを背中心に決めて、胴に二巻きし

2 背中心で二巻き目を開き、箱ヒダを作ります

3 一旦三つ折りにし、さらに三つ折りを半分ずつ開き

4 背中心でタレ元を直角に折り上げ、三重ゴム紐で押さえます

5 手結びの場合は、この時点でテ先の四つヒダを作ります（手先35㎝位）。ゴムを結び、両端を少し詰めておくときれいな扇形になります

6 左右同じ四つヒダを折り、そのゴムの間を7～8㎝開けておきます

7 仕上がっているヒダを二本目のゴム紐に通します

8 右側のヒダを三本目のゴム紐に通し、×掛けにします

9 タレを下ろして、箱ヒダを広げます

10

両羽根のバランス、太鼓の高さを確認しながら、ヒダも一緒に持ち上げる様に帯枕をします

11

垂先を1/2幅にし、左脇枕上におき

12

おはしょりの中心線にVの位置を決め、クリップで止め

13

クリップの延長の帯を右斜めに上げるとVのタレが出来ます

14

タレの長さを確認して仮紐をします（三角のタレ）

15

太鼓の大きさを太鼓の山から30㎝に決め、太鼓の下線を作り、残りの長さを利用してもう一枚、Wラインを作り

16

太鼓の大きさ、タレ（まっすぐ・三角）のバランスを確認して帯〆をし、仮紐を抜きます

17

折り上げた太鼓の裏（黒い部分）は内側へ折り込んでおきます

18

この帯結びは衿より5㎝位置に太鼓の山を持ってくると若々しくなります。太らかにゆったりと結びましょう。体型を選ばないのでどなたにでも結んでいただけます

青春

成人式

太鼓系／成人式　青春

青春時代に一度は結んでみたい、若さ溢れる帯結びです。
着物を着慣れないお嬢様でも大丈夫!
お勧めしたい安定型の帯結びです。

1 手先帯裏を見て、左から右へ流し、25㎝で折り返し、さらに手先より10㎝に上下クリップします

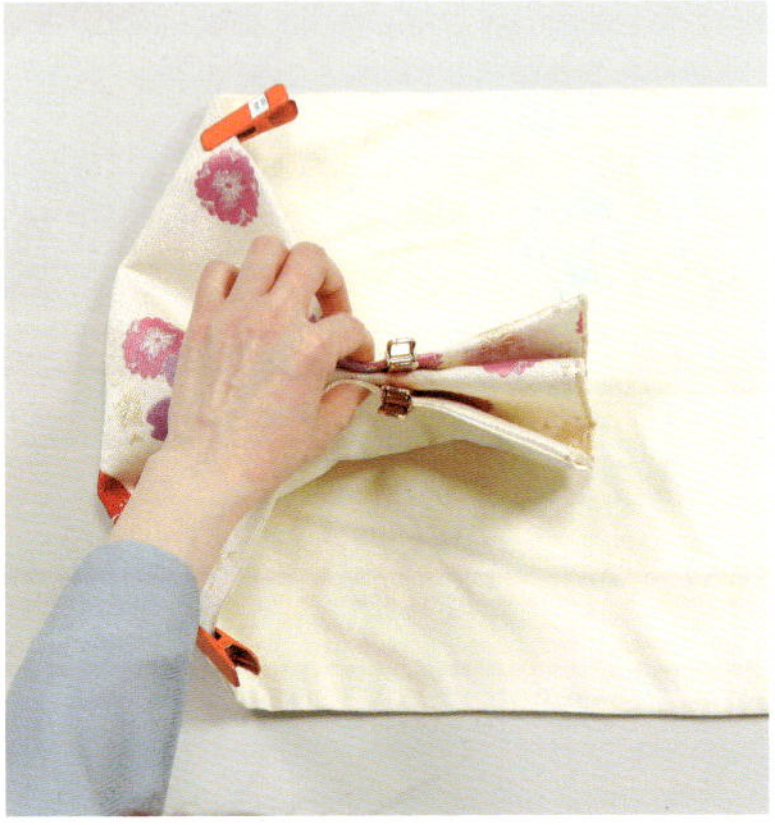

2 10㎝のクリップの位置で三つヒダをとります

3 下の帯を10㎝のクリップまで引き寄せ、クリップで止めます

4 三つヒダの裏側が袋になります。その袋の部分を三つヒダに添わせ折り上げ

5 クリップの位置をカラーバンドで止めます。手先ヒダの出来上がりです。垂先のヒダも同様に作ります

6 手先のヒダを左肩にあずけ胴に二巻きし、タレ元で一つ追いヒダを中心にくる様に作り

7 折り上げて手元を下げて四重ゴム紐フックで押さえます

8 タレ元の帯の両縁6㎝幅ずつ折り込み、クリップで止めておきます

9 左帯縁を帯表に折り返し、親指の位置で引き上げる様にし

10
右帯縁も同様にして、裏箱ヒダを作ります

11
一番細く重なった位置を、四重ゴム紐フック二本目で止めます

12
手先ヒダを裏箱ヒダの下にくぐらせ、四重ゴム紐フック三本目で止めます

13
垂先ヒダも同様に帯がねじれない様に、左肩におき、四重ゴム紐フック四本目でヒダ元を止めます

14
垂先ヒダを帯幅に広げ裏を見て、やや大きめの帯枕をします

15
太鼓のタレを作り、仮紐をします

16
太鼓の長さを25～28㎝に決め、帯〆を太鼓の下辺に添わせ帯〆をします

17
仮紐を抜き、裏箱ヒダのラインが崩れない様に、形付けます

18
両サイドの三つヒダに立体的な丸味をつけながら形付け、品良く仕上げます

おしゃれ太鼓

ヴァリエーション

太鼓系／ヴァリエーション　おしゃれ太鼓

30代、40代の方で、少し粋におしゃれに着物を着てみたいという方に人気のある帯姿です。

小さなお集まりやお正月にいかがでしょうか。

1 テ元を直角に折り上げ

2 胴に二巻きし

3 二巻き目の底辺とテ元を一締めし

4 背中心より折り上げ

5 テ元を下ろし

6 仮紐をします

7 タレ元を広げ

8 垂の長さを30㎝とり

9 帯山の位置の布目を正します

10
美しく布目が整いました

11
枕は入れず、帯揚げを八枚に折り込み、背にピタッと合わせ帯上線に低く収め結びます

12
仮紐を抜きます。手先は18cmの位置で帯幅を1/2幅にし、さらに一つまみし

13
ゴム紐で結びます

14
帯揚げにゴム紐を取り付けておき

15
⑬の手先を帯揚げのゴム紐に取り付けます

16
手先を太鼓の延長にくぐらせ

17
丸味を持たせながら帯〆をします

18
仕上がりました。胴に巻かれた帯上線に帯山を揃え、手先を遊ばせ、垂も少し粋にあしらってみました

粋

太鼓系／ヴァリエーション　粋

縞の着物に同系の帯姿。帯はゆったりと自由に腰に巻きつけて、これも帯結びの楽しさです。この帯は全通を使用しました。

帯を胴に巻きつける前に、背中でヒダを作る手順で行います。

（ヒダを先に作っておいて、崩れないようにクリップで止めておき、⑥の行程から始めても良いです）

1 二つ折り（輪が下）にしたテ先を50㎝ほど手前へ折り返して

2 テ先より1ｍの所（クリップ位置）を背中心において（六通を使用すると無地が出る）

3 二つ折りにした50㎝を時計回りに回転させ（輪が上）、背中心で右18㎝程でワンタックとった三角ヒダを作ります

4 手先は左下から斜め三角に折り上げ

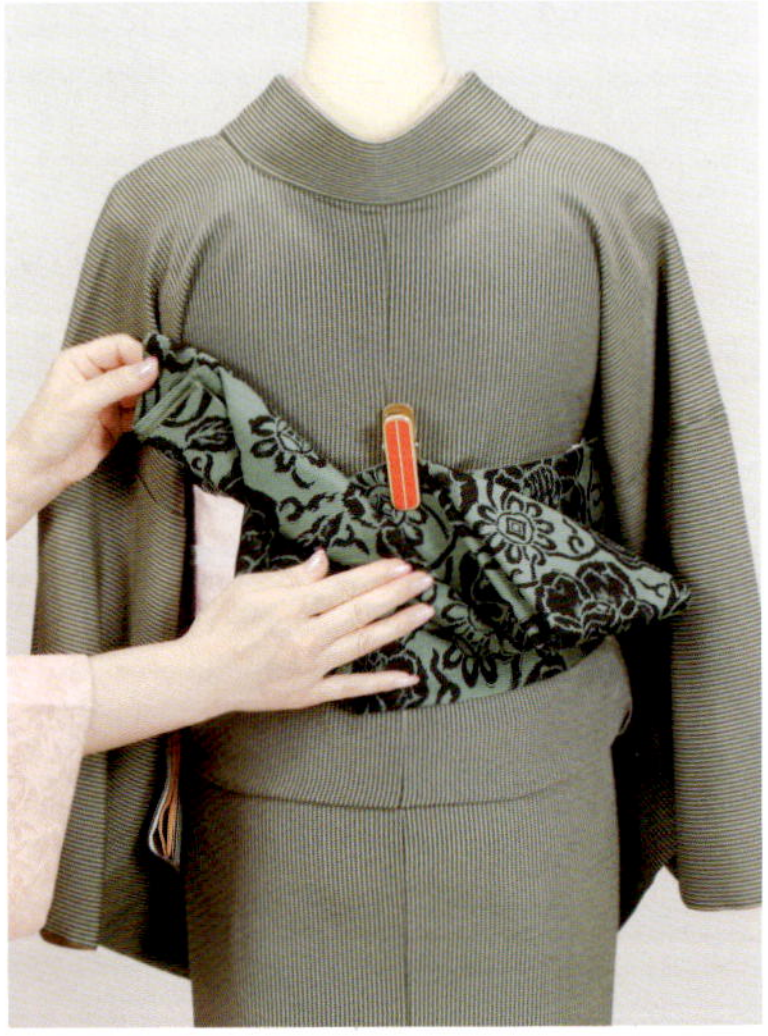

5 2回、3回と折り上げ

6 ヒダ全体を背中の中心より右側へおき、帯の一巻き目でヒダ元を押さえるように巻きつけて、二巻きめも同じように巻き（帯の前姿は斜めに巻きつけています。モデルの前姿写真参照）

7 脇で帯幅を折り上げ、折り下げ1/3幅にし

8 ⑦を表に返した写真です（アクセントに帯裏を出す）

9 さらに中心でタレ元を折り上げ、やや右寄りの斜め位置に決めて

10
タレ元とヒダを押さえるように仮紐をします

11
垂先をタレ元の中で一回転させ、帯山の位置を合わせ決め

12
帯枕をやや左上がりに入れます（帯枕を結んだ後、仮紐を抜きます）

13
タレの長さのバランスを見て、左上がりのタレにして仮紐をします

14
太鼓の長さ、太鼓の上から出ている帯裏のラインも、右上側からやや左下側へ流れるようにして、帯〆を通します

15
仮紐を抜き、手先ヒダを形付け

16
右側のヒダは手前へ倒して、ワンタックとったラインに綺麗に整えます

17
太鼓の上線、太鼓の下線、タレの下線も左上がりの斜めに整えます

18
一度は結んでみたいラフで小粋な帯結びです

福娘

太鼓系／ヴァリエーション　福娘

平凡そうな太鼓結びに大きなリボンをのせてみたら、どんな場所にも似合いそうな可愛い帯結びになりました。初釜、華道の会、ミニ・パーティーなどにいかがでしょう。

1 手先左から右に流し、帯幅を1/2幅にし、40cmで折り返します

2 二枚重なった帯の中心で一つ追いヒダをとり

3 中心よりやや左寄りにクリップを止めます（左より約15cm）

4 右の上側、帯の一枚をおこし

5 クリップの元で下の帯をきれいに1/4幅に整えます

6 そのヒダ元を右側にワがくるように向こう側から手前に巻きつけます

7 輪の中を通し、フィットゴムで止めます

8 手先ヒダ（リボンヒダ）の仕上がりです

9 （リボンヒダ）を背中心にあずけ、胴に二巻きしタレ元を折り上げ、四重ゴム紐フックで止めます

10
四重ゴム紐フック二本目を〔リボンヒダ〕の輪の中を通し止めます

11
タレ元で帯両縁を5㎝ずつ折り込み、〔リボンヒダ〕のすぐ下に四重ゴム紐フック三本目で止めます

12
垂先より30㎝を回転させ帯山の位置に合わせ

13
⑪で止めた同じ位置を四重ゴム紐フック四本目で止めます

14
帯枕を高い位置に決め、しっかり背につけ、結びます

15
タレの長さを決め、仮紐をします

16
二枚の太鼓がずれない様に合わせて、バランスをみながら帯〆をし、仮紐を抜きます

17
〔リボンヒダ〕を可愛い表情がでる様に、背中から太鼓の上線に丸味をもってフィットさせる様に形付けます

18
〔リボンヒダ〕、太鼓、垂をバランス良く形付け仕上げます

文庫の基本型

七五三参り、成人式と、年齢を超えて一度は結んでみたい文庫結びの基本です。
可憐に、乙女らしく結びましょう。

1 織出し線を左脇に決め、余ったテ元を胴に処理し、1/3幅に折られたテ元を背中心で直角に折り上げます

2 胴に二巻きして一締めし、帯下辺を少し幅出しし

3 上縁を折り下げ

4 左脇より直角に折り上げ

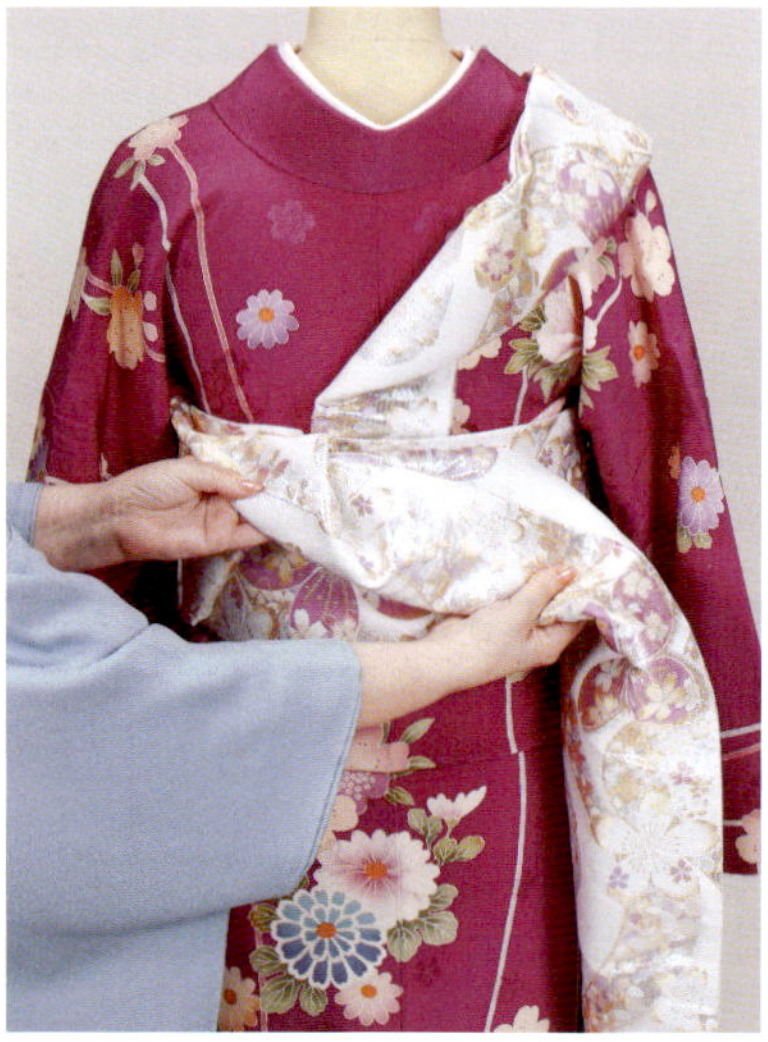

5 もう一回右に折り込み、手前に倒し

6 テ元、タレ元を交差させ

7 テ元を折り上げ

8 仮紐をします

9 タレ元より30cm（右手）位置で垂先より二つに合わせ（左手）

10

左手を右手に合わせます。帯が左右に開きました

11

⑩の左手を背中心におきます。その延長を（下辺）

12

上にあげ、中心で、二等辺三角形を作り

13

丸い型の帯枕を帯幅1/3幅を土台にし、のせて

14

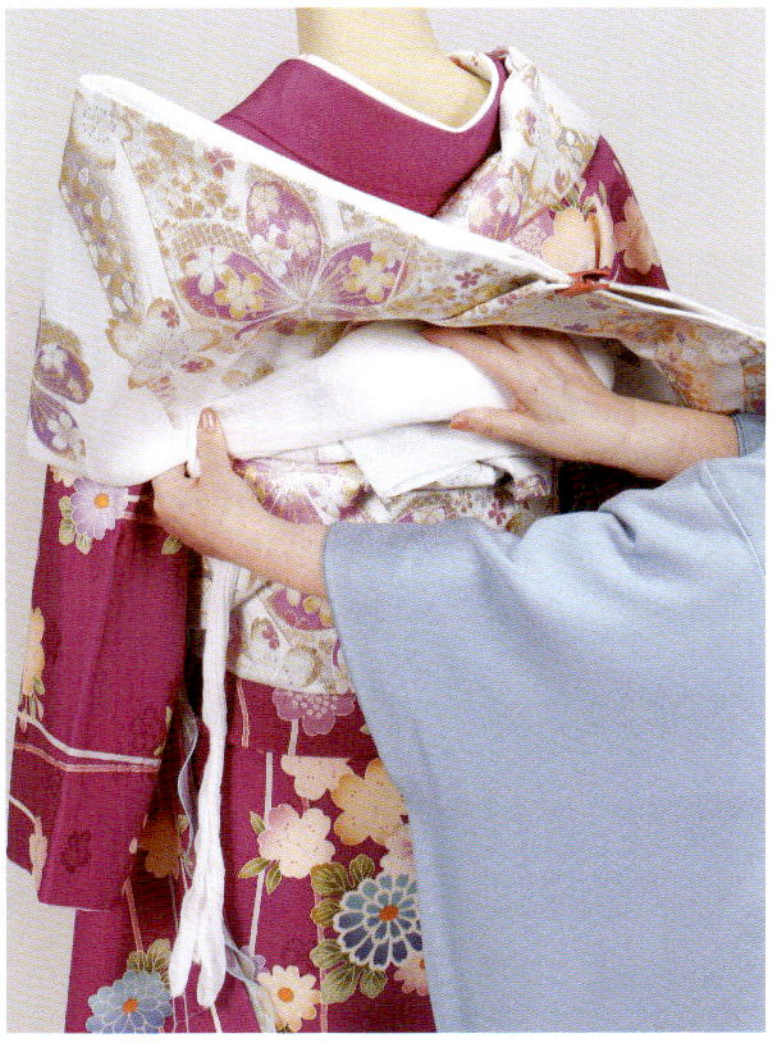

脇一杯の位置で、バイヤスに枕の紐をあて、前に送ります

15

左右出来上がりました。手前の帯縁を揃えて8〜9cm並行に折り上げます（仮紐を抜きます）

16

帯揚げをし、テ先を下ろして帯〆をします

17

太鼓幅より3cm位置より折り下げます

18

左右対称に文庫の羽根を下ろします

舞妓さん

成人式

希己子

希己子

文庫系／成人式　舞妓さん

憧れの舞妓さんになって、京都を歩いてみたい！と願うあなたへの帯結びです。

1 帯幅を決め、上帯縁を5cm折り返し、手先6cm幅にし、背中心におき、胴に二巻きします

2 帯幅を折り上げ、折り下げ、重ね

3 左脇で直角に折り上げ、もう一回折り込みテ元とタレ元を持ち

4 交差させ、仮紐で押さえます

5 裏を見てタレ元より30cmゆとりを持たせ

6 右手の位置より帯の丈を$\frac{1}{2}$に振り分けます

7 ⑥の右手側を背中心背側におき（手を持ち変えています）

8 持ち上げ、文庫の丈を合わせ

9 静かに開き、中心に余った布を二等辺三角形に処理し

10

背側を10㎝土台にし、帯枕をあて、脇一杯の位置で帯縁までバイヤスに枕の紐をあて、前に回します（丸くてふくらみのある枕が良い）

11

⑩のバイヤスラインがこの様になります（しわをつかまない様にしましょう）

12

左、右、枕を収めた写真です。仮紐はここで抜いておきます

13

舞妓帯にする為には⑫の帯幅を折り上げ、折り下げ、さらに折り上げ、枕の上部に収めます

14

帯揚げをし、手先を下ろし長さを決め、帯〆をします。胴に巻いた帯の上部にしっかり収まるようにします

15

帯を折り返します。文庫を作る要領で対角線に引き合います

16

舞妓姿はこのようにしっかり内側に入れましょう

17

下前側が下になります

18

この帯は袋帯を使用しました。この長さが最大です。左右対称にしっかり重ね合うと、舞妓風になります

成人式

華文庫

文庫系／成人式

華文庫

華やかな振袖に、可愛さいっぱいの帯結びで華を添えて、お慶びのご家族とご一緒に成人式をお祝いいたしましょう。

1 手先、帯裏を見て、帯を左から右へ流し、手先30cmを折り返します

2 二枚合わせて10cm位置で四つヒダを折り

3 手先も同じ様に四つヒダを作り、ヒダの両中心を引き込み、扇の形を整えてゴム紐で止めます

4 タレ先の帯裏を見て、帯を右から左へ流し、タレ先から30cmと80～85cmにクリップを止めて30cmを折り返します

5 さらに、80～85cmの所のクリップ位置でもう一度折り返します。80～85cmのクリップ位置が右側になります

6 左側二枚を持ち上げ四つヒダを作ります。ゴム紐を止めてヒダ元を外しておきます

7 右側も四つヒダを作り、ゴム紐で止めて、2つのゴムの間は10cm弱にし、両帯縁を中心へつめて扇の形を綺麗に整えます

8 帯の柄止まりを左脇にして、胴に二巻きして、タレ元を1/3幅に狭め

9 タレ元を中央におき、四重ゴム紐フックで押さえます

10 手先で作った四つヒダの輪のほうを左側にして、タレ元の中心におき

11 タレ元でくるみ、フィットさせ、四重ゴム紐フック二本目で押さえます

12 タレ先に作っておいた四つヒダを、ねじれない様に内側へ一回転させ、タレ元に収め

13 四重ゴム紐フック三本目で、右側のヒダの上から左側のヒダの下を通して止め

14 四重ゴム紐フック四本目で右側のヒダの下から左側のヒダの上を通して止め、×掛けにします

15 ヒダ全体を軽く持ち上げるように帯枕をします

16 タレ先の帯幅を少し広げてから、帯〆を通して締めます

17 四つヒダの一つ一つを整え、全体のバランスを確認します

18 仕上がりです。しわ加工されたニューヴァージョンの帯を使用しました

成人式

ごきげんな私

文庫系／成人式　ごきげんな私

洋花をあしらったターコイズカラーの着物に水玉の帯。

デザイン性の高い水玉模様が大人へ一歩踏み出されたお嬢様の踊る心に似て、清々しさを際立たせます。

事前に手先、垂先にヒダを作っておくことにより、素早く結べ、成人式のお支度にとても役立つ帯結びです。

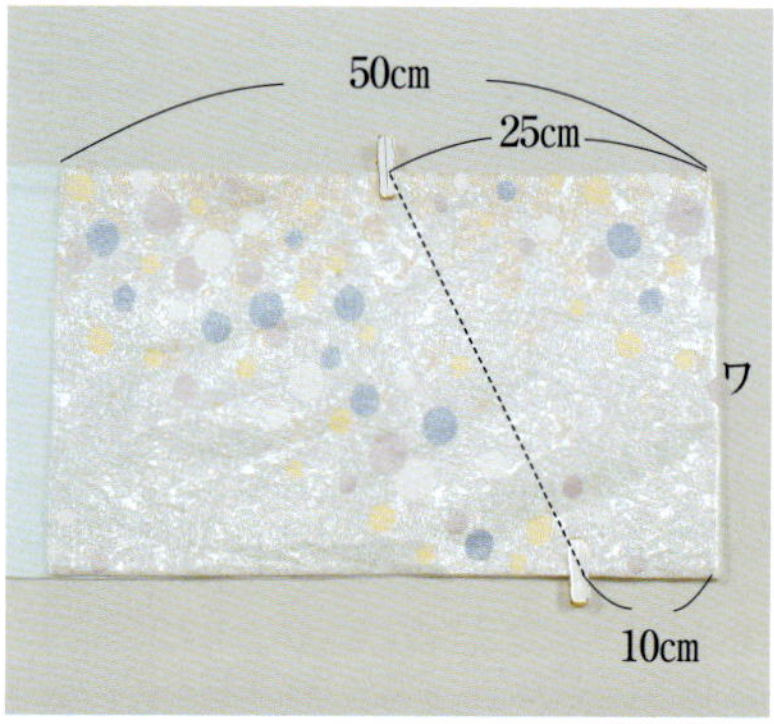

1 手先帯裏を見て右から左へ流し、50cmで折り返します。右帯端より上側25cm、下側10cmを二枚一緒にクリップで止めます

2 10cmのクリップの位置から25cmのクリップの位置に向かって、折り上げから始まる変形四つヒダをとり、クリップで止めます

3 手先の帯1枚で、左帯端より上側10cm、下側15cmにクリップをし、先ほどと同様に15センチのクリップの位置から10cmのクリップの位置に向かって、四つヒダをとります

4 そのヒダ元と②のクリップの位置を重ねて

5 フィットゴムで結び、羽根を整えます

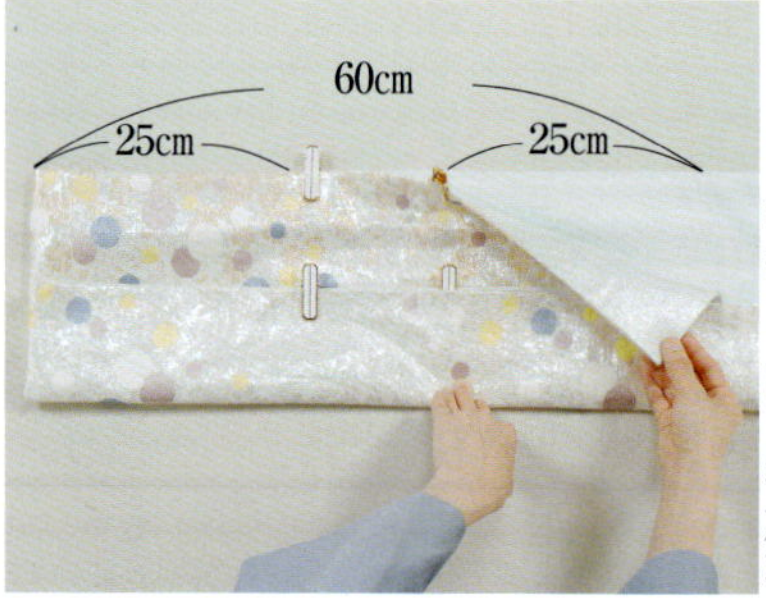

6 垂先で裏箱ヒダを作ります。垂先帯裏を見て、左から右に流し、60cm折り返します。帯下線を$\frac{1}{3}$幅折り上げ、帯左端より25cm上下二枚にクリップし、帯右端より上一枚の25cm上下にもクリップをします

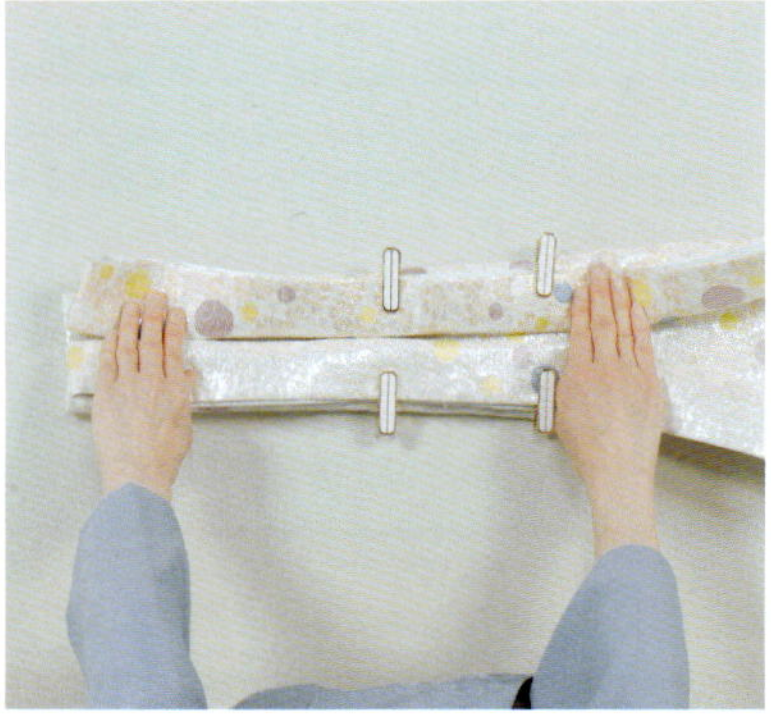

7 ⑥で折り上げた幅の$\frac{1}{2}$を折り下げ、帯上線も同様に$\frac{1}{3}$折り下げ、その$\frac{1}{2}$折り上げます

8 左側クリップの位置で帯幅中心に向かって羽根の両端を引き込み、裏箱ヒダを作ります

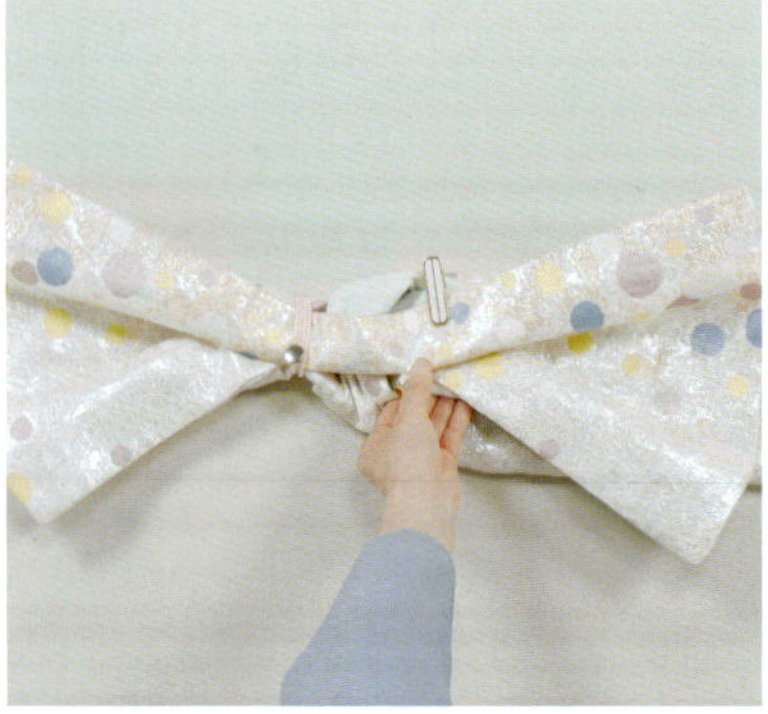

9 クリップ位置をフィットゴムで止めます。右羽根の裏箱ヒダも同様に作ります

10

ヒダ元を1/3幅に整え、文庫の羽根の出来上がりです

11

手先ヒダを中心におき、胴に二巻きし、帯幅を折り上げ、折り下げさらに、折り上げ1/3幅にして、四重ゴム紐フックで止めます

12

その延長で、右に12〜13㎝の羽根を作り、四重ゴム紐フック二本目で止めます

13

垂先で作った羽根をタレ元がねじれない様に内側に回転させ、タレ元の下に収めます

14

四重ゴム紐フックの三本目、四本目で×掛けに止めます

15

タレ元の延長を正目に整え、帯上線に枕が乗る様に、帯枕をします

16

幅12㎝、長さ20㎝の太鼓にし、帯〆をします

17

裏箱のラインをキープしつつ広げ、文庫の羽根の形を整えます

18

ふくれ織りの帯地を活かして、やわらかいラインに仕上げます

つぼみ

文庫系 ヴァリエーション

文庫系／ヴァリエーション　つぼみ

初春の日差しに誘われて蝶々も遊びに来たようです。
つぼみもふくらんで、春ももうすぐ…！

〔つぼみヒダ〕の折り方（①から⑥）

1
50cmを表を見て折り返し、輪の方で図の様に折り上げます

2
折り上げた接点で二つヒダをとり、向こう側にも二つとり、合わせて四つヒダになりました。クリップをします

3
手先の方も同様に四つヒダをとり

4
クリップをします

5
左手上、右手下に引き込み、クリップとクリップを重ね合い

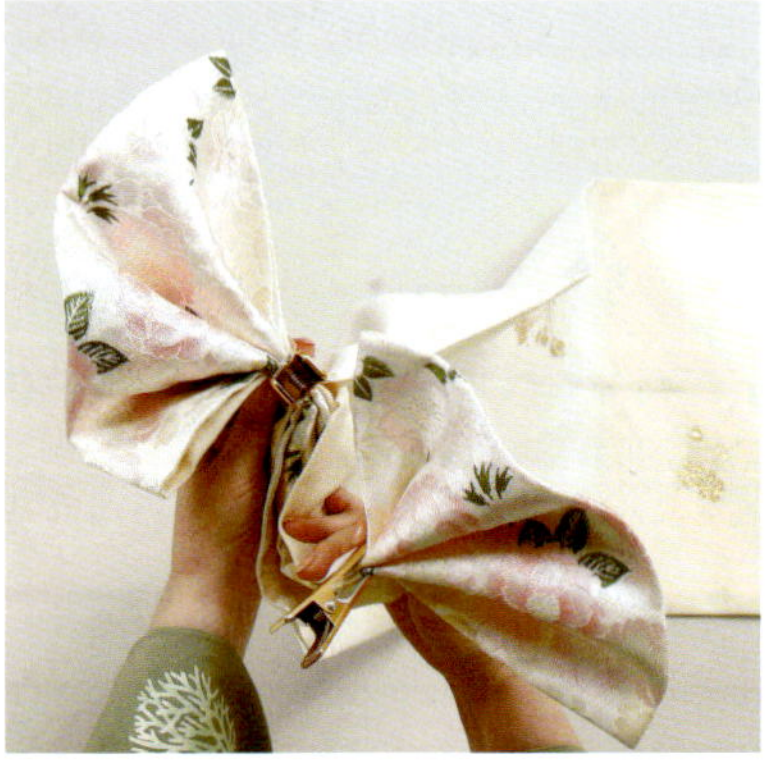

6
重ねた所をカラーバンドで止めて〔つぼみヒダ〕の仕上がりです

7
胴に二巻きし、背中心より右で折り上げ、四重ゴム紐フックで押さえます

8
タレ元から1/3幅より少し広げながらループ状にし、左脇まで上げ

9
四重ゴム紐フック二本目で止めます（ハの字になる様におく）

10
さらにその延長を中心にループを作り

11
四重ゴム紐フック三本目で止めます

12
両サイドのループを同じ勾配でハの字にします

13
帯枕を入れます

14
太鼓の長さを27cmに決めて

15
帯〆をします

16
仕上がりAが出来上がりました

17
アレンジとして、オーガンディーを合わせても良いですね

18
仕上がりBも出来上がりました。パーティーや華道の会のお招き着としていかがでしょうか

江戸好み

文庫系／ヴァリエーション

江戸好み

市松模様の付け下げ・クラシックな色と柄。でも、不思議に新しい感覚を感じてしまいます。

時代を経ても古くならない日本のすばらしい着物。

1
手先は40～45㎝までを三つ折りにして、背中心におき、柄止まりを左脇に決めて、胴に二巻きし、タレ元を直角に折り上げ

2
もう一回折り上げ込み、テ元、タレ元を交差させ、四重ゴム紐フックで止めます

3
タレ元を左に返し

4
折り上げ、文庫の長さを53㎝とり、一旦広げ、53㎝より垂先を背側に返し、左肩に出します

5
背中心で両端部をそろえ(輪)一つ追いヒダで上げますが、背中心で左肩に上げた三つ折り部分を追いヒダの下に入れ込みます(クリップで止めておいても良いでしょう)

6
左羽根を作ります。一つ追いヒダの延長を整え、四重ゴム紐フック二本目で止めます

7
右羽根も同様に作りますが一旦文庫を上に上げ、裏側も追いヒダにし、四重ゴム紐フック三本目で止め

8
×掛けにします

9
×掛けにした文庫のヒダ元に帯枕をします

10 両羽根を曲線にしたいので、中心でワンタックをとっておくと良いでしょう

11 垂先を20㎝幅に合わせ、折り下げ

12 25㎝にクリップを止めます

13 背中心に返し、残ったヒダ元を処理し、背中心におきます

14 さらに一つ追いヒダを中心でとります（一旦クリップで止めておいても良いでしょう）

15 テ元を下ろします。右から左に半回転させ

16 さらにもう半回転させ、ひねりをつけ、余った手先を折り上げ

17 折り上げたテ先で帯枕が隠れるように帯〆をします

18 仕上がりです。53㎝の文庫と25㎝の一文字追いヒダのバランスが美しいですね。織物の帯を使用しました。あまり細かいヒダをとりたくない時にシンプルな帯結びはいかがでしょう（手結び感覚で結べる帯結びの一つです）

香り立つ

文庫系／ヴァリエーション　香り立つ

春の香りに誘われて、梅の園へ…。

シンプルな文庫のあしらいに〔万葉ヒダ〕を咲かせて。誰もが結んでみたい帯結びです。

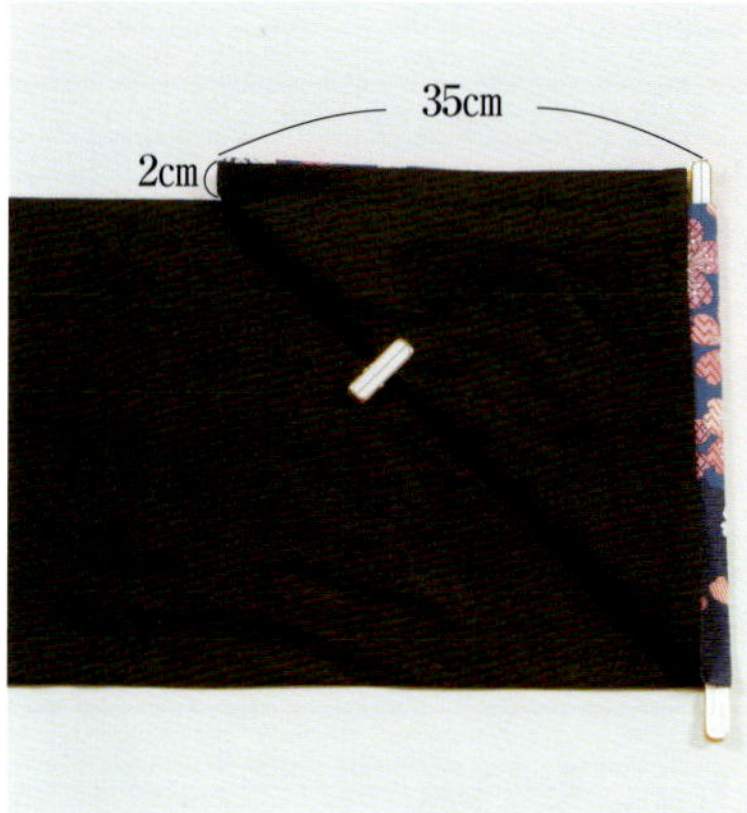

1 手先帯裏を見て右から左に流し、35cmで折り返し、さらに帯上線より2cmずらして、三角形に折り上げます（折り上げたライン左上角より15cmにクリップをします）

2 クリップ位置で折り下げ、折り上げ、折り下げ、折り上げ、最後は折り上げて二等辺三角形を作ります

3 そのヒダ元を起こすと四つヒダになりました

4 上に残った帯でその接点を巻き込む様に包み込み、クリップを止め直します

5 次に裏の始末をします。右側にヒダを一度開きます。右下クリップを起点に下側の帯を一回、二回と折り上げ、細くします

6 その上に右側のヒダを戻します

7 35cmクリップの位置より帯縁を揃えてヒダ中心を合わせ

8 フィットゴムで止めます

9 ゴムが見えない様にヒダを重ね合わせて、手先ヒダの仕上りです

10
手先ヒダを背中心に決め、胴に二巻きし、テ元、タレ元を交差して四重ゴム紐フックで押さえます

11
タレ元より帯幅を1/2幅にし、垂先より約1m10cmの位置で写真の様に内側に回転させ、四重ゴム紐フック二本目で止めます

12
その延長を一旦下ろし、20～22cmの左羽根を作り、四重ゴム紐フック三本目で止め

13
さらにその延長を下げ、20～22cmの右羽根を作り折り上げ、四重ゴム紐フック四本目で止めます

14
羽根を全て持ち上げ、帯枕をしますが

15
帯枕が安定するように四重ゴム紐の両端に絡ませ、前で結びます

16
帯〆を一番下の羽根の中を通し、帯枕を包み込むようにして止めます

17
左右の文庫の羽根を整え、形付けます

18
仕上がりです。体型によって文庫の羽根の長さを調節することにより体型をカバー出来る帯結びです

基本型（相合結び）

立矢の基本型（相合結び）

相合結びとは、羽根が松、立矢が竹、太鼓が梅を表しているお目出たい時の帯結びです。
昔から日本人に愛され、現代でも使われ続けています。丸帯を使用しました。

丸帯の場合には、垂がテになります。

1 〔テ先の折り方〕垂先より75cm位置で、中心幅9・5cmに決めて、箱ヒダを折っておきます

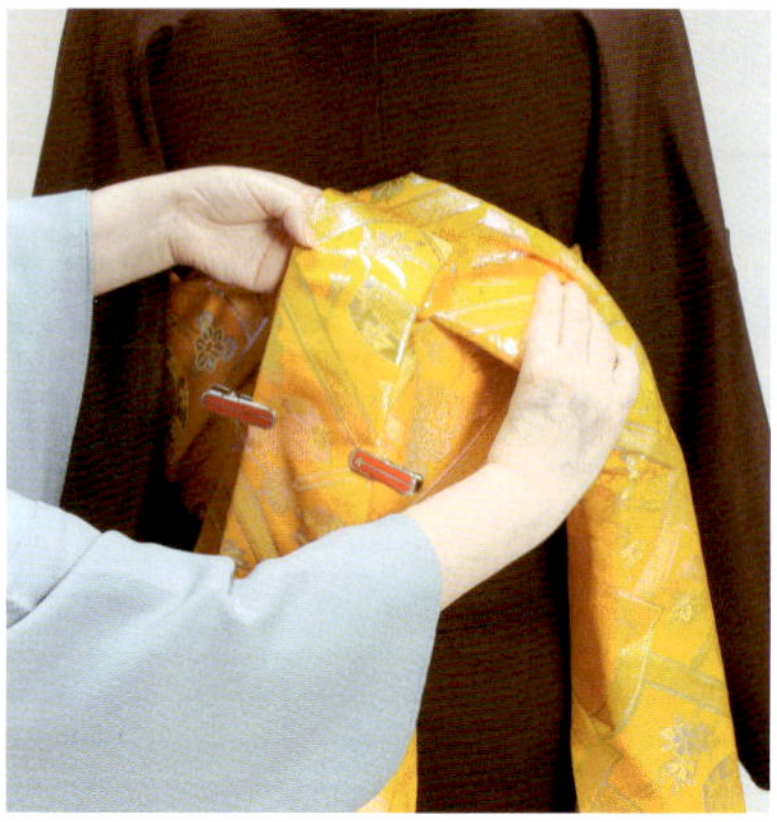

2 胴に二巻きし、テ元、タレ元を交差させ

3 三重ゴム紐で押さえます

4 タレ元より一手とり

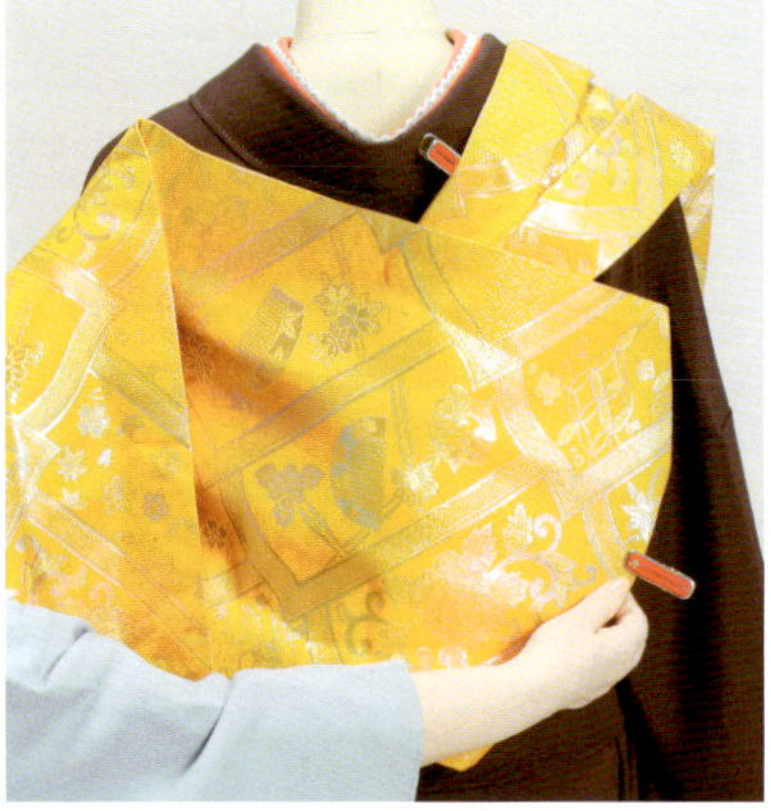

5 開き、左肩に向かって折り返し

6 その延長をタレ先より11cm位置で四つヒダをとり

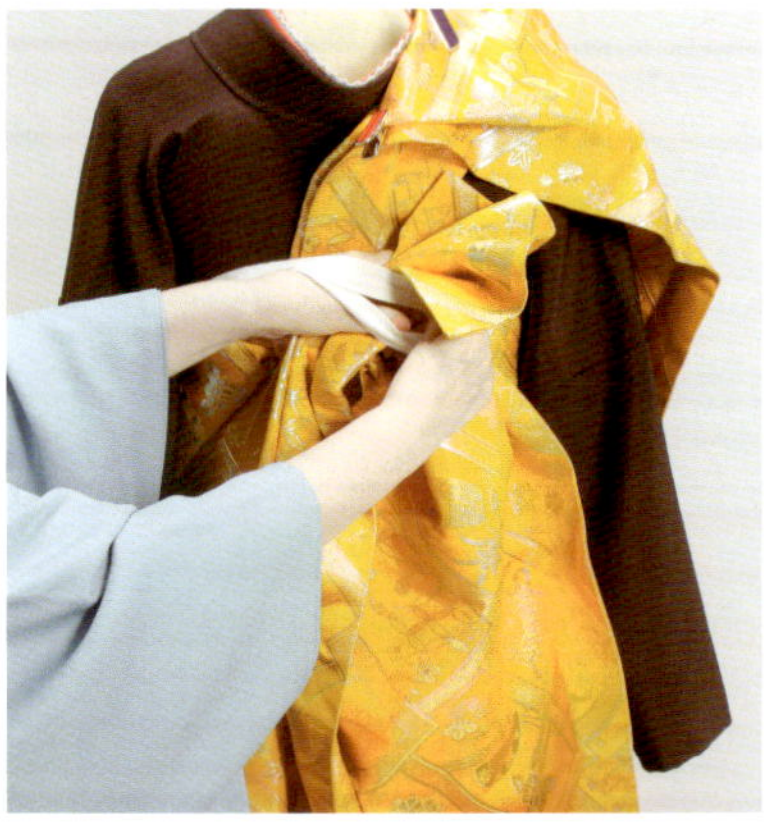

7 二本目、三本目のゴム紐に入れ

8 その延長を折り上げ

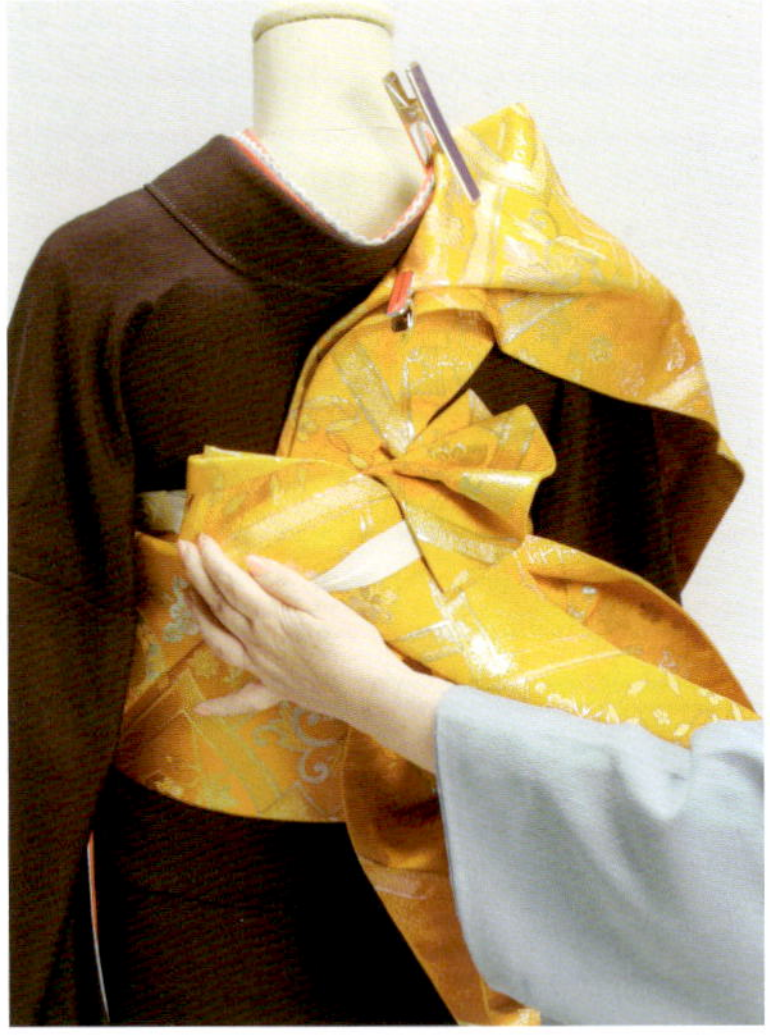

9 折り返し、ゴム紐手前一本に仮止めし

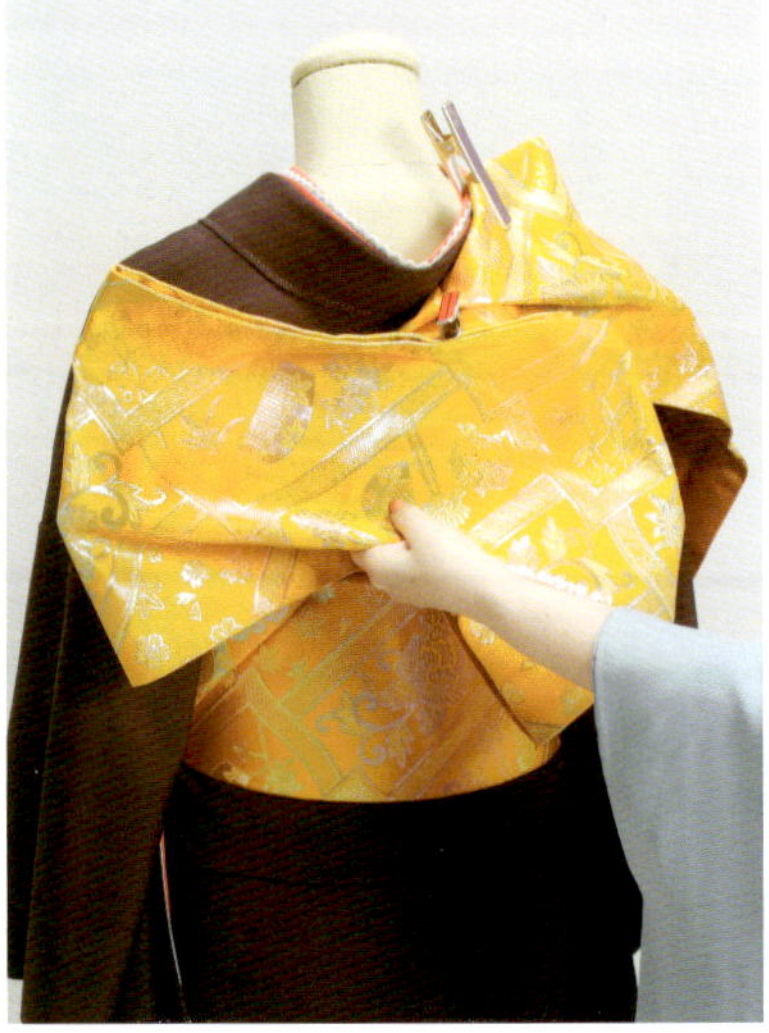

10 さらに折り上げ開き、長さ50cmと決め、下縁角より11cmの延長を折り込み、ラインを決めたら

11 立矢の芯を入れ（堅い帯の場合は不要）

12
帯上線も下側と同様に折り込み上縁角より22cmの位置で一つまみして差し込み

13
右手で押さえます。その押さえた位置の延長で下側もタックをとり、差し込み

14
三重ゴム紐の手前一本で押さえます。立矢の幅は9・5cmにします

15
テ元を下ろし手先に四つヒダを作り、⑭のゴム紐に下からくぐらせ、立矢のラインに添わせます

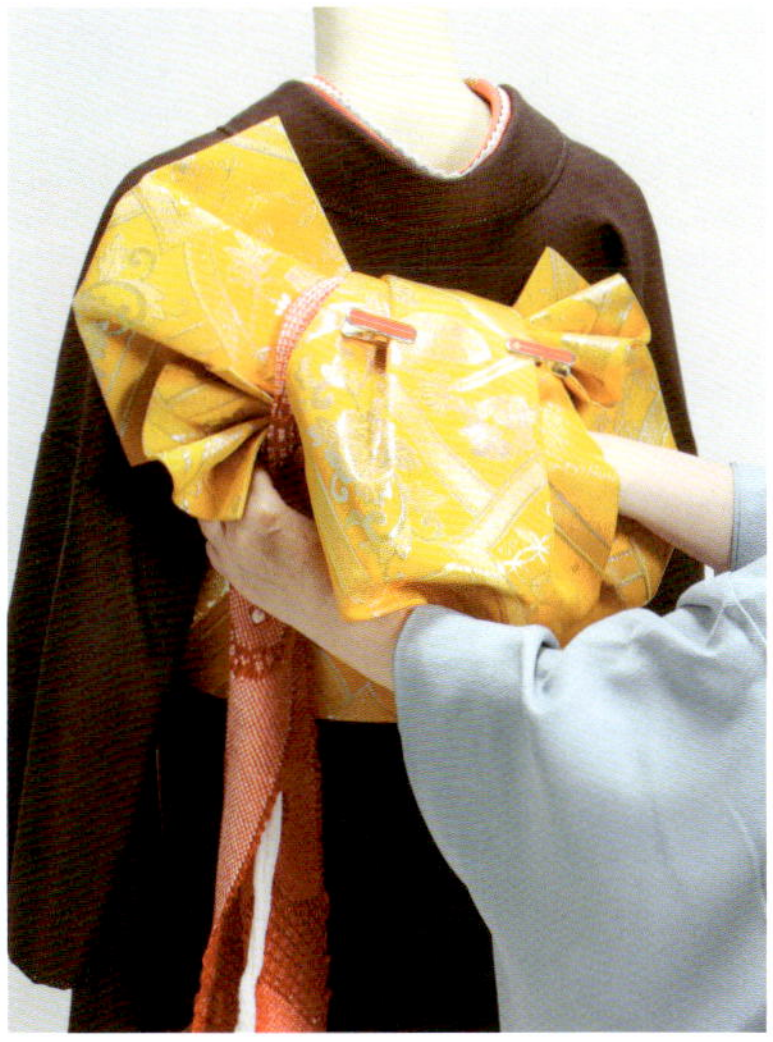

16
帯枕をします。枕位置を背中心より3cm左におき、前で結びます

17
太鼓は亀甲形にし、長さ27cmにします

18
底辺は14cmにし、帯〆をします

19
仕上がりです。立矢の仕上がり条件は背中心を起点に背中一杯に円を描く様に仕上げることです

20
もう一つの仕上がり。「しごき姿」の出来上がりです。勉強なさる方たちにとって、この帯結びを結ぶことが出来れば、プロフェッショナルとされます

星に願いを

成人式

立矢系／成人式　星に願いを

織物の帯なので、細かいしわがつかない様にシンプルな立矢にしてみました。
流れ星に願いを込めて、夢と希望が叶いますように……。

1
織出し線を脇に決めて、胴に二巻きし、タレ元を上にテを下に四重ゴム紐フックで押さえます。テ元は変形三つヒダに折ってあります

2
その変形三つヒダの手先10cmをクリップで止めておきます

3
テ元より13cmの位置を13～15cmに広げておきます

4
タレ元より垂先まで1/3幅に折り、クリップで止めておきます

5
タレ元を一旦右に引き

6
折り上げ、50cmに立矢の長さを決めてその延長線をループにし、クリップで止めます

7
50cmの立矢の中に余った垂先をくぐらせ

8
長さを40cmにして

9
中心でタックをとり、交差させて

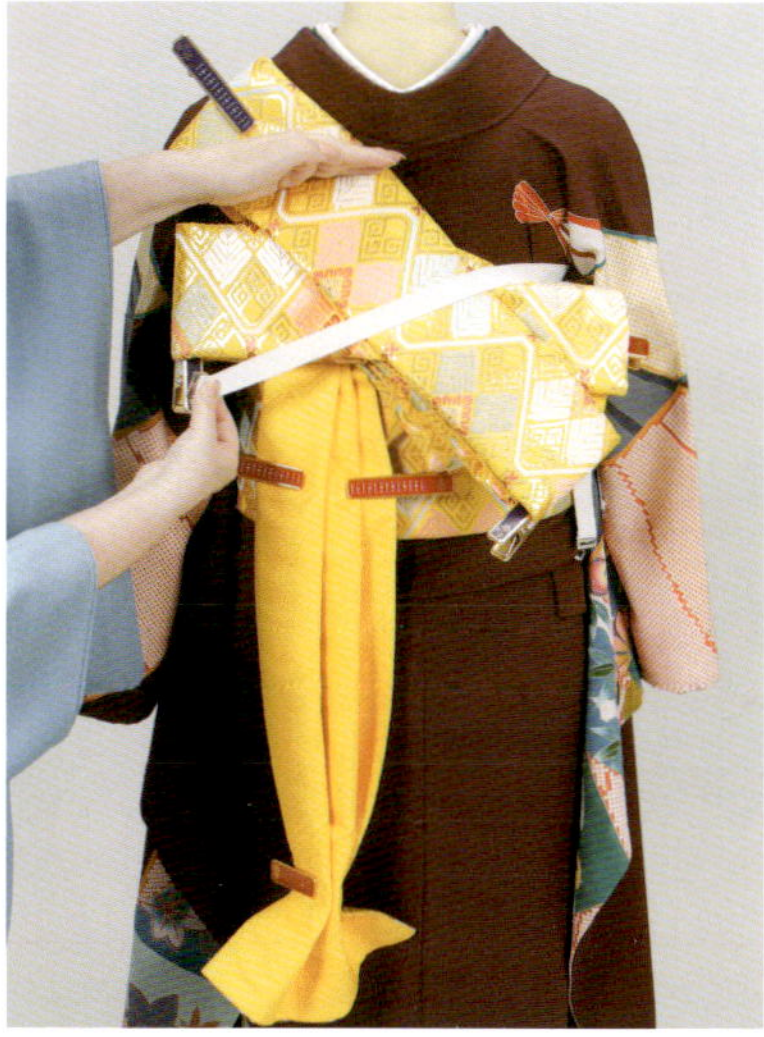

10
四重ゴム紐フック二本目で止めます

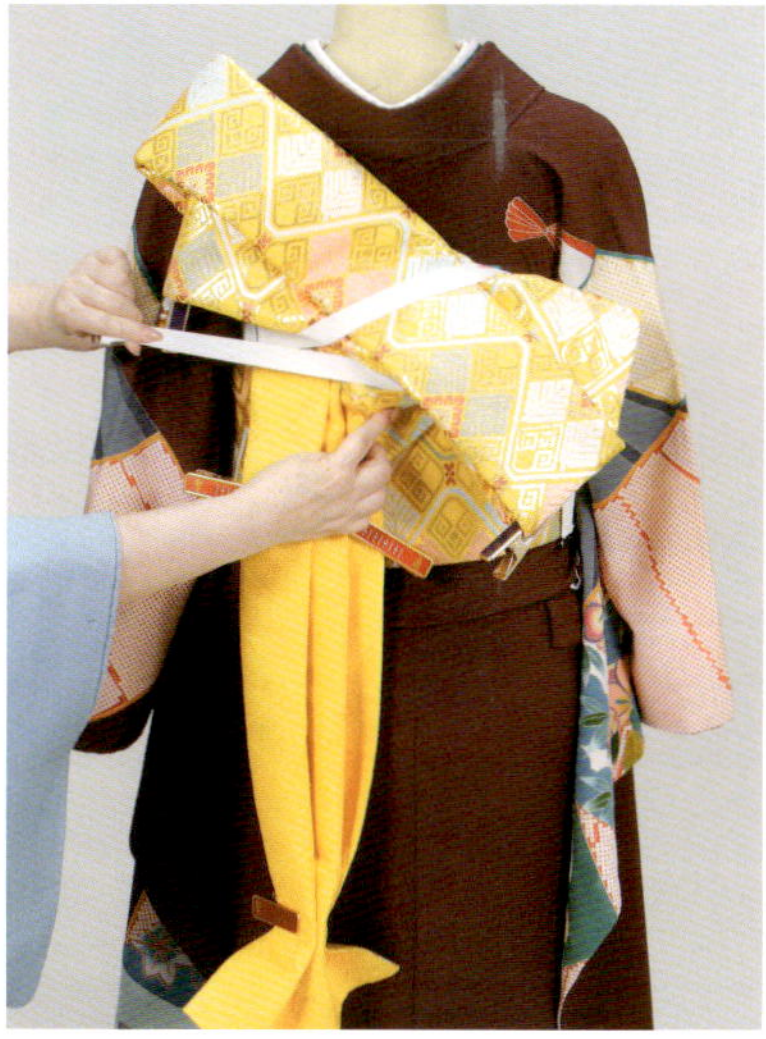

11
四重ゴム紐フック三本目でタレ元、テ元を押さえる様に止めます

12
二本の立矢の下に帯枕をしますが、二本目のゴム紐の下に入れると良いでしょう

13
帯揚げをします

14
テ先を折り上げます

15
手先13㎝を右回転させ、四重ゴム紐フック四本目で背側を通して止めます

16
太鼓の長さ27㎝、幅13～15㎝まで広げて

17
帯〆をします

18
織物のしっかりした帯なので、面の美しさを強調した凜とした立矢結びに仕上げてみました

花鼓

成人式

立矢系／成人式　花鼓

成人式で赤地の振袖は一番人気があります。黒地にピンク、ヴァイオレット系の柄帯、同系の小物を使って今日の主役のお嬢様の華やかさにふさわしい帯を結んでみました。

1 手先の柄止まりで箱ヒダを作っておきます

2 タレの柄止まりを左脇にして胴に二巻きし、テ元、タレ元を交差し、四重ゴム紐フックで止めます

3 垂先より帯幅を10cm折り上げ

4 立矢の幅を20cmに決め、垂先より35cmの長さで折り返して

5 折り返した帯を内側へ回転させ、立矢の長さを45〜48cmにします

6 一つ追いヒダをとり、余分な緩みは帯の中心でタックをとり

7 立矢を背中心におき

8 四重ゴム紐フック二本目で止めます

9 ゴム紐フックを掛ける位置は、立矢の長さの$\frac{1}{3}$に掛けると良いでしょう

10
ゴム紐フックを掛け仕上がった写真です。ゴム紐位置で左手位置を少し持ち上げタックをとると美しい立矢のラインが生まれます

11
タレ元の処理をします。長さの余分は、この時点で帯板の向こう側へ入れておきます

12
帯枕をします。やや左寄りで斜めにあてます

13
手先の箱ヒダを下ろしてきます。そのテ先を開いて折り上げから始まる2～3㎝幅のヒダを三つとり

14
内側へ返してヒダが無くならない様にクリップ小で挟んでおきます

15
太鼓の形を亀甲に整えます

16
反対側も斜めにピンと張らして上部まで上げ、帯〆をします

17
一つ追いヒダ立矢を通し

18
クリップ小を外して、手先ヒダの裏の扱いを美しく出し、フリルの様にやわらかく出すのも良いでしょう。仕上がりです

ちぎり

立矢系／成人式　ちぎり

〔ちぎりヒダ〕に表される小さな愛、立矢のラインは固い決意。
〔ちぎりヒダ〕が秘めるやさしさがご結納、ご婚約式などにふさわしい帯結びです。

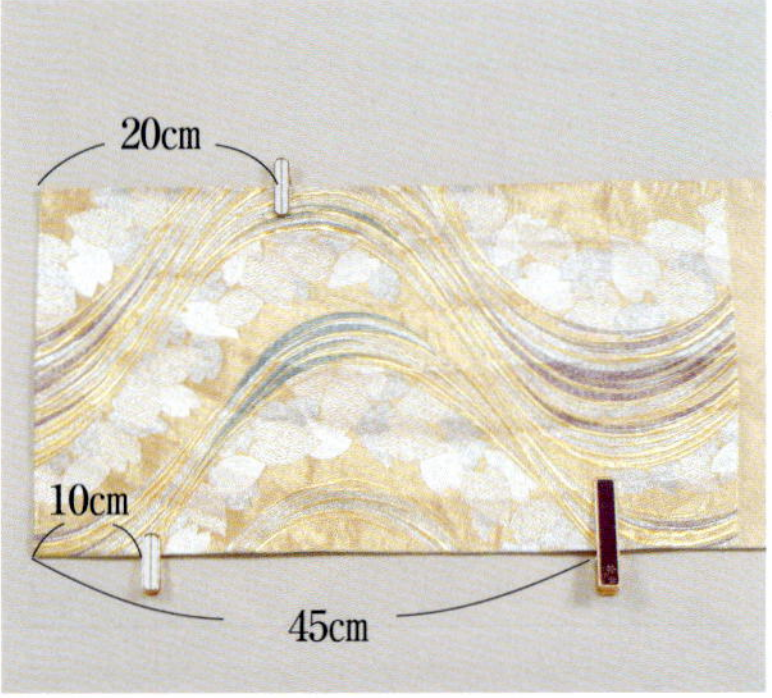

1
手先帯表を見て左から右へ流し、左上角より20cm、左下角より10cm、45cmをクリップで止めます

2
10cmのクリップから20cmのクリップに向かって、折り上げから始まる変形四つヒダをとります

3
45cmのクリップ位置で②で出来た流れを大切にしながら三つ山ヒダをとります

4
手先のヒダに三つ山ヒダをクルリと巻きつける様にして、クリップの位置をフィットゴムで止めます

5
三つ山を少しずらし丸味を持たせ、〔ちぎりヒダ〕の仕上がりです

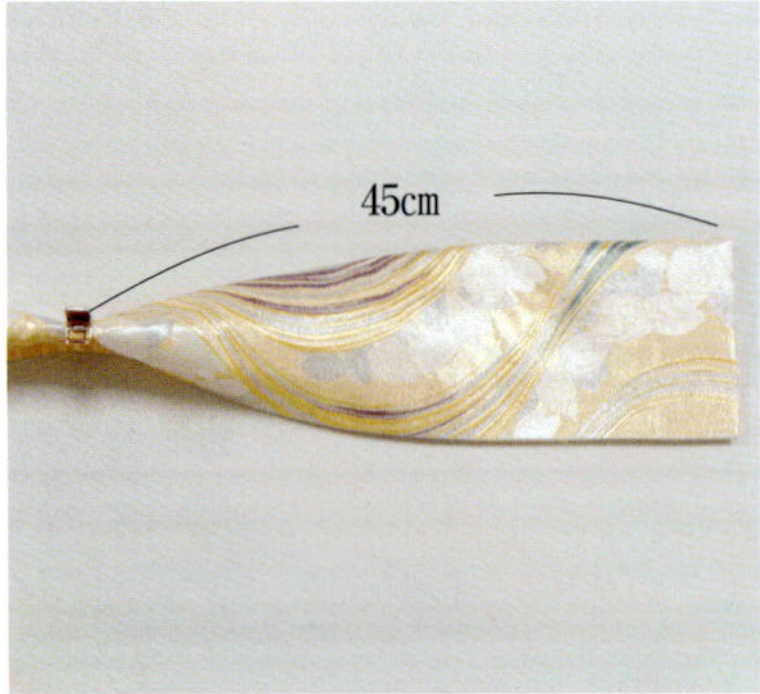

6
垂先より45cm位置で1/2幅にし、さらに半分にし、クリップで止めます

7
〔ちぎりヒダ〕を左肩にあずけ、胴に二巻きし、左脇で幅出しをします

8
タレ元で1/2幅になる様に折り上げ、さらに内側に折り込み

9
手先を下げて、四重ゴム紐フックで止めます

10 四重ゴム紐フック二本目で〔ちぎりヒダ〕の中を通し止めます

11 タレ元で幅1/2、長さ22～23cmの左羽根を作り、四重ゴム紐フック三本目で止めます

12 垂先、帯端から〔ちぎりヒダ〕のループの中を通し、45cmの位置まで引いておきます

13 残りの帯で長さ22～23cmの立矢の右羽根を作り、四重ゴム紐フック四本目で止めます。余りは帯の中に入れ、処理します

14 帯枕をします

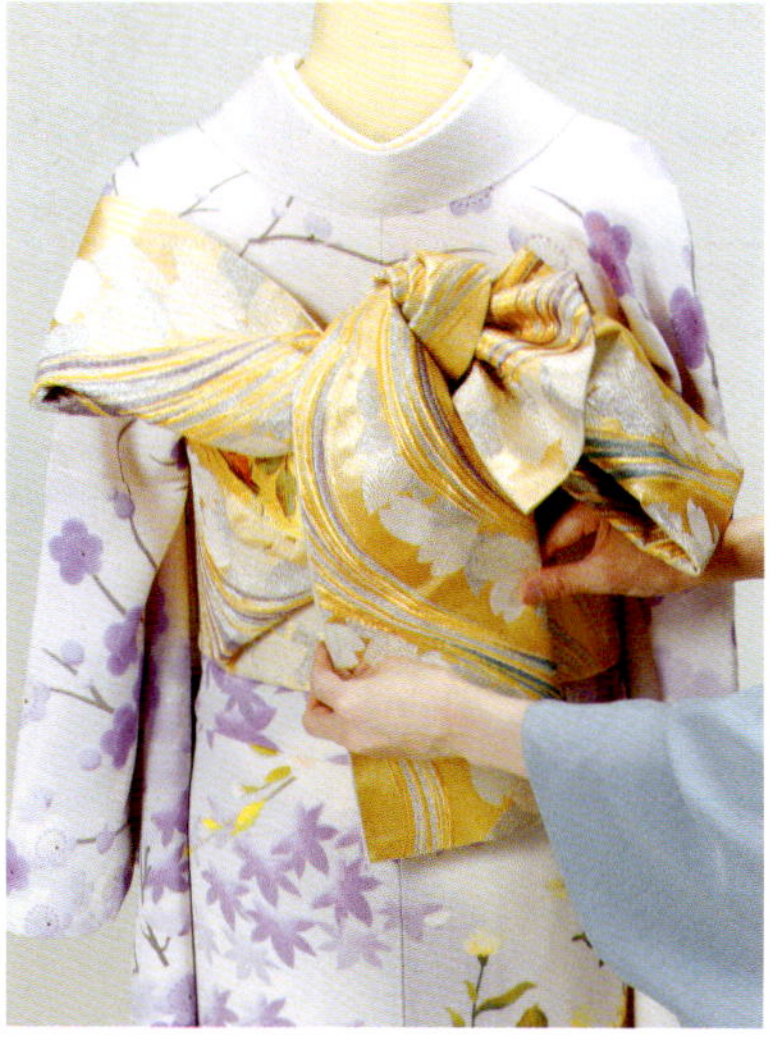

15 垂先を〔ちぎりヒダ〕から流れるように曲線を描きながら下げ

16 弧のラインに沿って帯〆をします。折り上げた垂先を出して味付けをするのも良いでしょう

17 立矢の羽根を整えます

18 違い立矢の妙味も新しさと面白さを感じさせます

はじらい

立矢系／ヴァリエーション　はじらい

やわらかい色調の着物と帯(織物)、ご結納やご結婚なさったばかりのご挨拶まわり等、改まった時に締めていただける格調高い帯結びです。品良くまとめてみました。

1
垂先を左から右に流し、折り上げ、折り下げ

2
三つ折りにし、長さ48㎝に決めて、先を2㎝控えて折りたたみ

3
中心を浅くクリップで止めて、折り込んだ三つ折りを開きます

4
この様にクリップで止めた元をバイヤスに開くのがコツです

5
美しい羽根が出来ました

6
羽根13㎝。立矢の作り帯の仕上がりです

7
三つ折りにした手先60㎝を背中心に決め、折り下げておきます。胴に二巻きし、二巻き目脇で、帯幅を折り上げ折り下げした三つ折りを直角に上げ、四重ゴム紐フックで止めます

8
垂先には立矢が仕上がっています

9
背からのループがねじれない様に回転させ

10
背中心におきます

11
四重ゴム紐フック二本目を立矢に掛けます

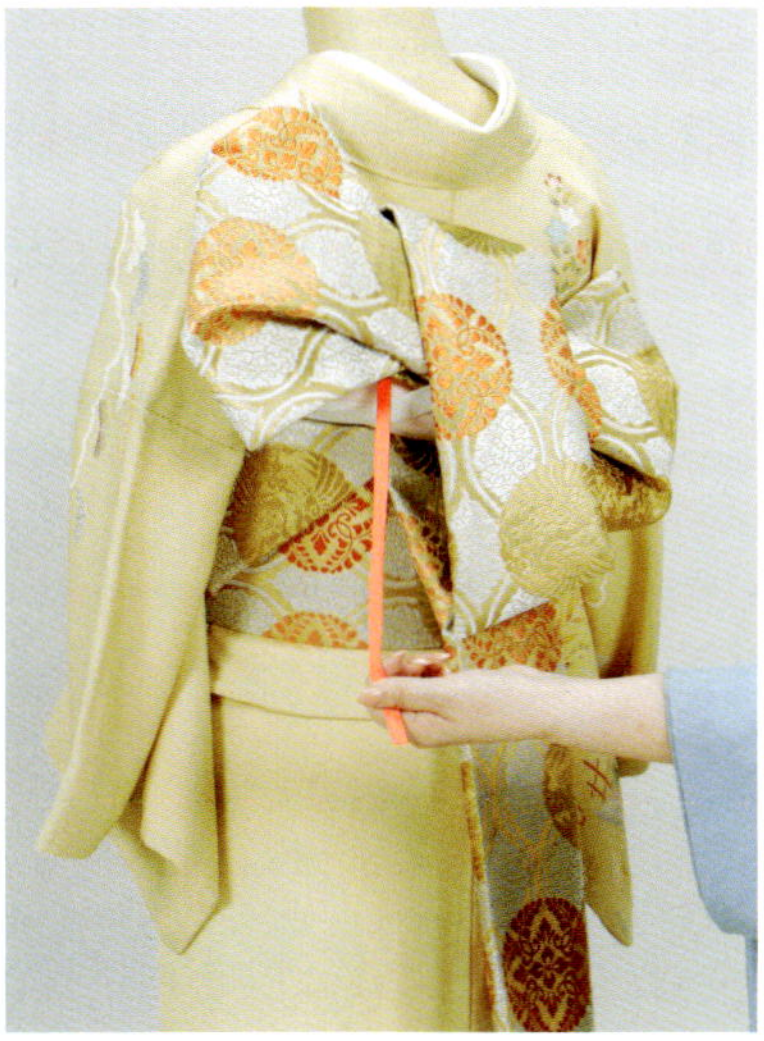

12
仮止めしてあったゴム紐を抜きます

13
帯枕は、立矢の下側にもぐり込ませます

14
手先ヒダを作ります。三つ折りを裏箱に開き

15
さらに、背中合わせにすると、四つヒダが出来ました

16
太鼓の下からくぐらせ

17
太鼓の長さを決め、バランスをみて帯〆をします。格調高く、正式な場に結んでいただける帯にしてはプロセスがやさしいので、ぜひ覚えていただきたい帯結びです

18
立矢系帯結び『はじらい』の仕上がりです

ヴァリエーション

はなみずき

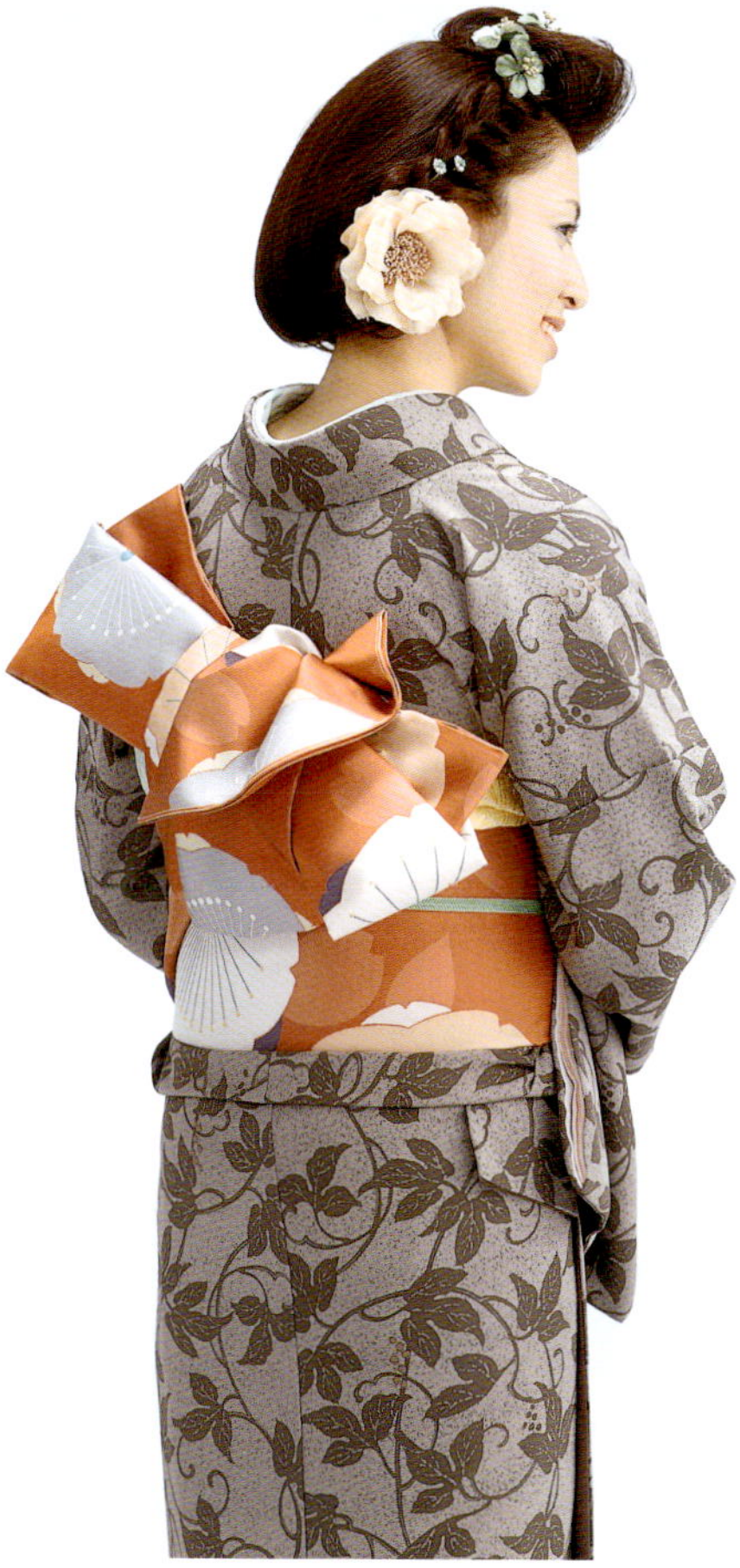

立矢系／ヴァリエーション　はなみずき

華道の展覧会にはお母様の小紋のお召し物をお借りして…。

大柄のさび朱の帯を締めたら、若さに落ち着いた品の良さも加わって、少し大人な私の大発見。

1 手先で万葉風ヒダを作ります

2 ヒダを背中心におき、柄止まりを脇に決めて、胴に二巻きし、二巻き目の脇で帯幅を変形二つヒダにし、手元、タレ元を交差させ、四重ゴム紐フックで押さえます

3 そのまま垂先まで変形二つヒダを折っておきます

4 帯がねじれない様に拾い上げ

5 タレ先から45cmを四重ゴム紐フック二本目で止めます

6 垂先元（45cm）で立矢にするベースを一旦右に引き込み

7 表側で22～24cmの立矢の長さを決めてクリップし、四重ゴム紐フック三本目で止めます

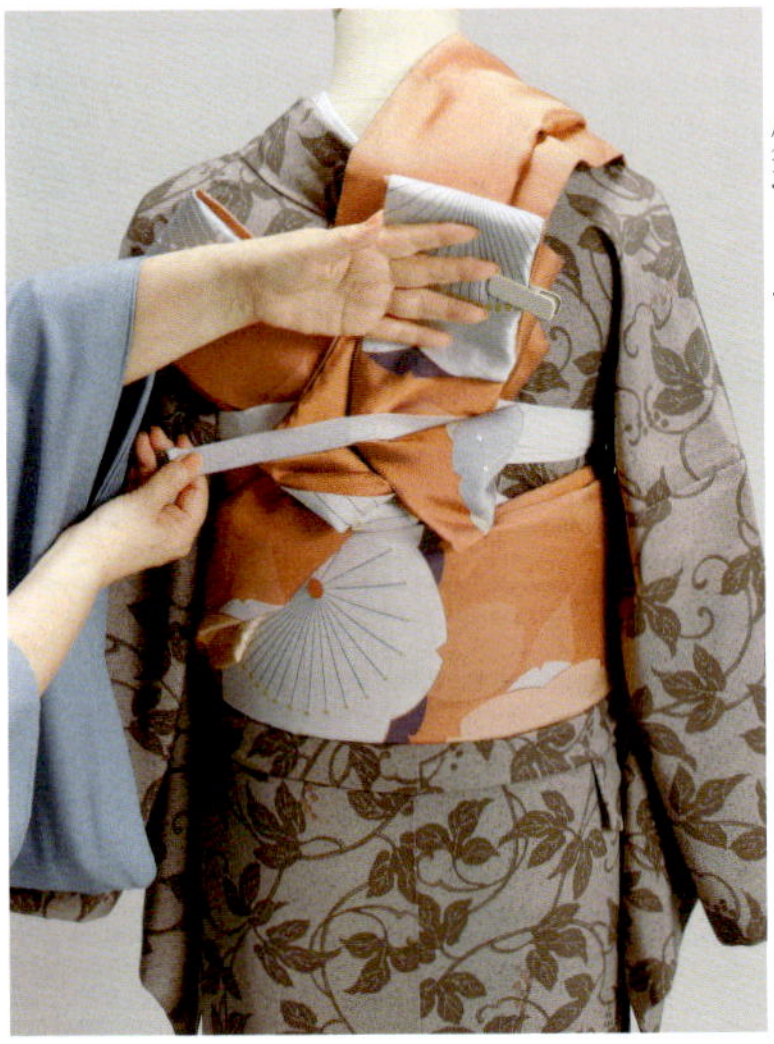

8 ⑦の立矢の延長を同様にし、四重ゴム紐フック四本目で裏側を止め、その余分は帯板の内側に処理します

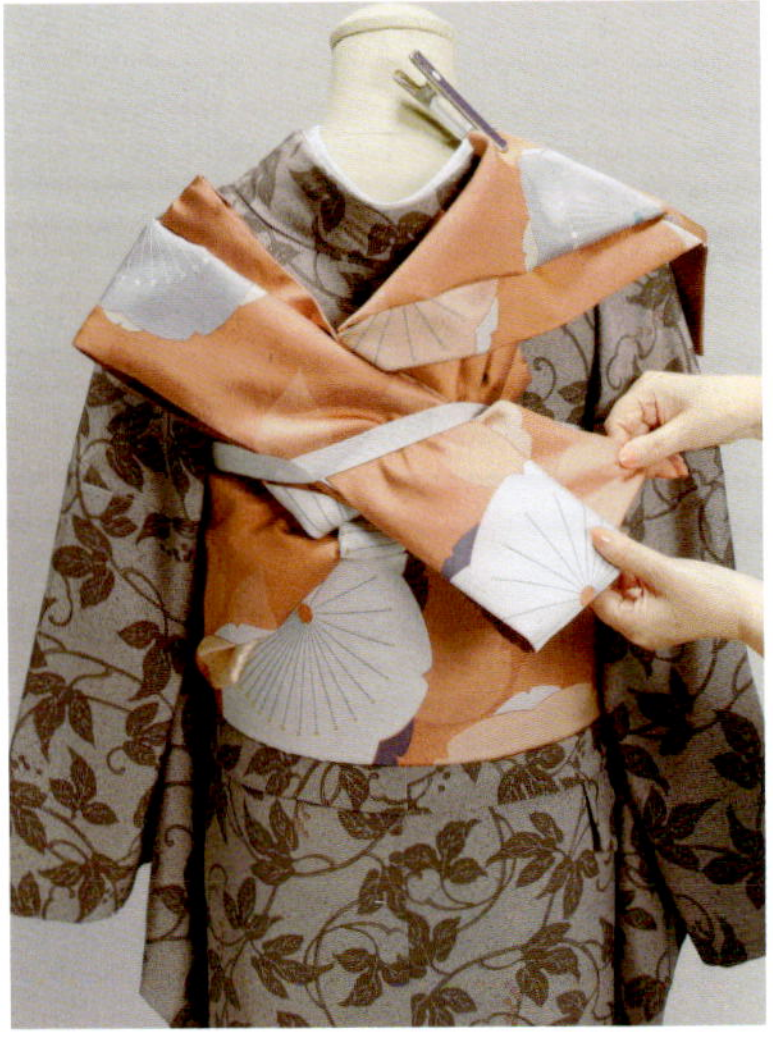

9 立矢の全長を45～48cmに決めて、内側のヒダを引き出します

10
その羽根を美しく広げたいので、中心で帯をたたみ込んでおきます

11
立矢の通り具合を見ます。ゴム紐の位置は立矢の中心よりやや後方にあります

12
帯枕を立矢の下にもぐり込ませ、結びます

13
垂先を下ろします

14
変形二つ折りを少しずつ広げ、太鼓を決めて、帯〆をします

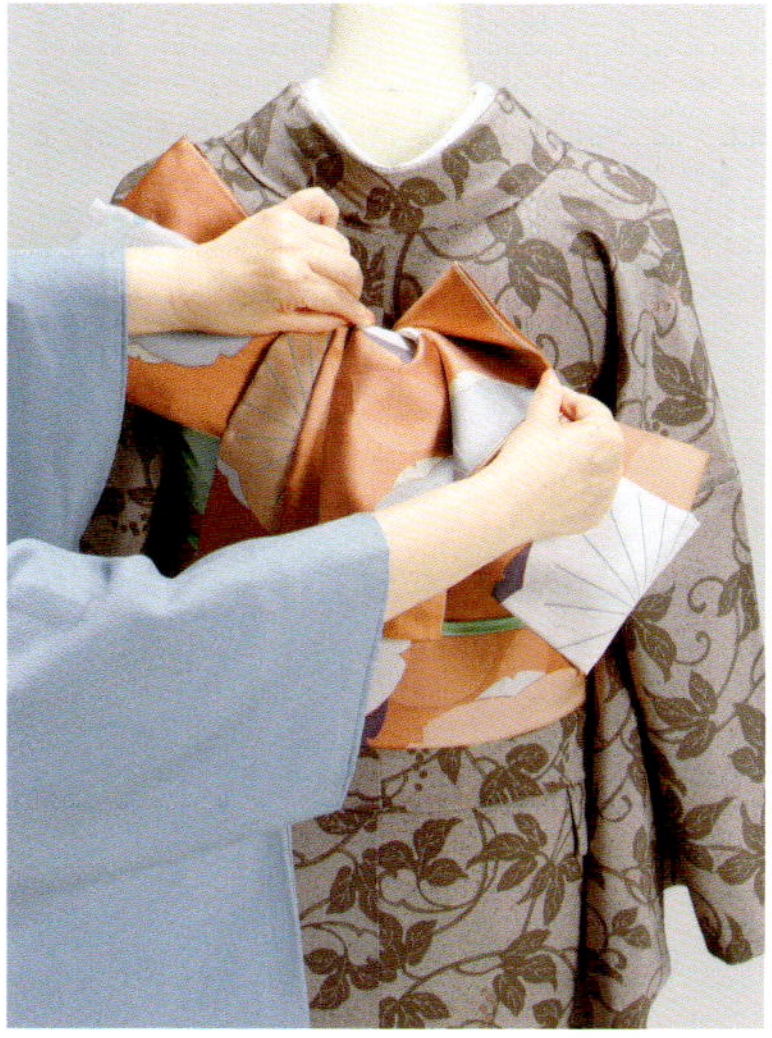

15
手先の万葉風ヒダをグラデーションを付けながら広げます

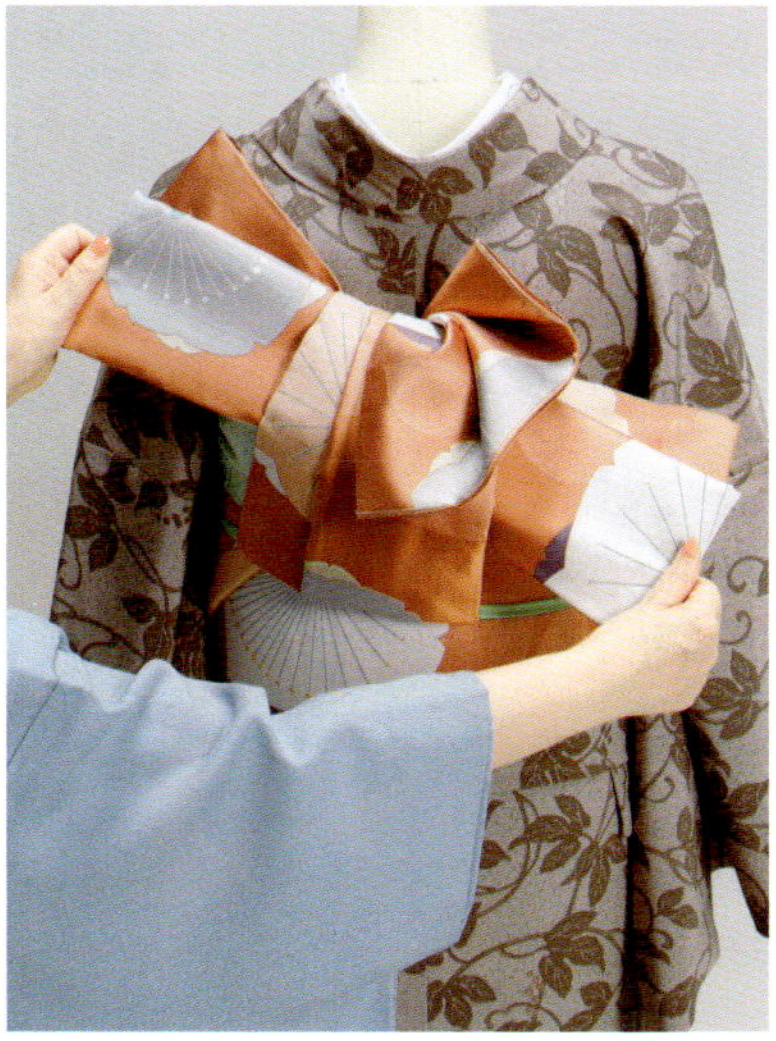

16
立矢のラインに張りを持たせてピンとさせ、形を整えます

17
仕上がりです。塩瀬の帯でも、凛とした立矢の花が咲きました

ヴァリエーション

ちょうちょ

立矢系／ヴァリエーション　ちょうちょ

ちょうちょが伸びやかに羽根を広げたような小ぶりで少しカジュアルなイメージの立矢のヴァリエーションです。

成人式にも結んでいただける帯結びです。

1 手先帯表を見て、下から上に流し、折り上げより始まる四枚の4㎝幅の屏風ヒダを作り、中心でクリップします

2 帯を裏返し、屏風ヒダの最後の接点より三角に折り下げ

3 さらに$\frac{1}{2}$に折り下げます

4 表に返し、③で生まれた斜めのラインを五枚目のヒダにして、クリップで止めます

5 反対側も同様に作り、クリップします

6 フィットゴムを中心から掛け、左右のヒダを止める様に巻きつけ、手先ヒダを作っておきます

7 垂先帯表を見て右から左へ流し、変形三つヒダを作り、まず45㎝の位置にクリップを止め、さらに約1ｍ10㎝先まで同様にとっておきます（$\frac{1}{5}$幅）

8 手先ヒダを中心より左におき、胴に二巻きし、タレ元を上にテ元を下にして四重ゴム紐フックで止めます

9 タレ元より裏を見て、45㎝位置で時計回りに半回転させ、四重ゴム紐フック二本目で止めます

10 ループの間で両羽根を開き、両羽根の長さを22～23cmとし、四重ゴム紐フック三本目で止め

11 右羽根も同様に作り、四重ゴム紐フック四本目で止め、余分は帯の中に入れ込み処理します

12 二つ追いヒダを大切にしながら、左右羽根を開きます

13 手先ヒダを一本目のゴム紐に下から上にくぐらせます

14 立矢風に帯枕をし

15 タレ元を下ろし、二つ追いヒダの山にクリップを浅く止めて広げます

16 二つ追いヒダのラインを残す様に亀甲形にし、帯〆をします

17 ちょうちょが羽根を広げている様に手先ヒダを広げ

18 全体に丸味をもたせ、背中一杯にちょうちょが遊んでいる様に仕上げます

浴衣　リボンちゃん

誰もが知っている帯結びですが、いつ見ても可愛いものです。

1
手先を1/3幅にし、40㎝を左肩にあずけ、胴に二巻きし、背中心で手先が上になる様に一結びします

2
タレ元を広げ、約20㎝の左羽根をとり、一つ追いヒダを作り、輪ゴムで止めます

3
右羽根を作るため、その先の帯を半回転し、裏を見て

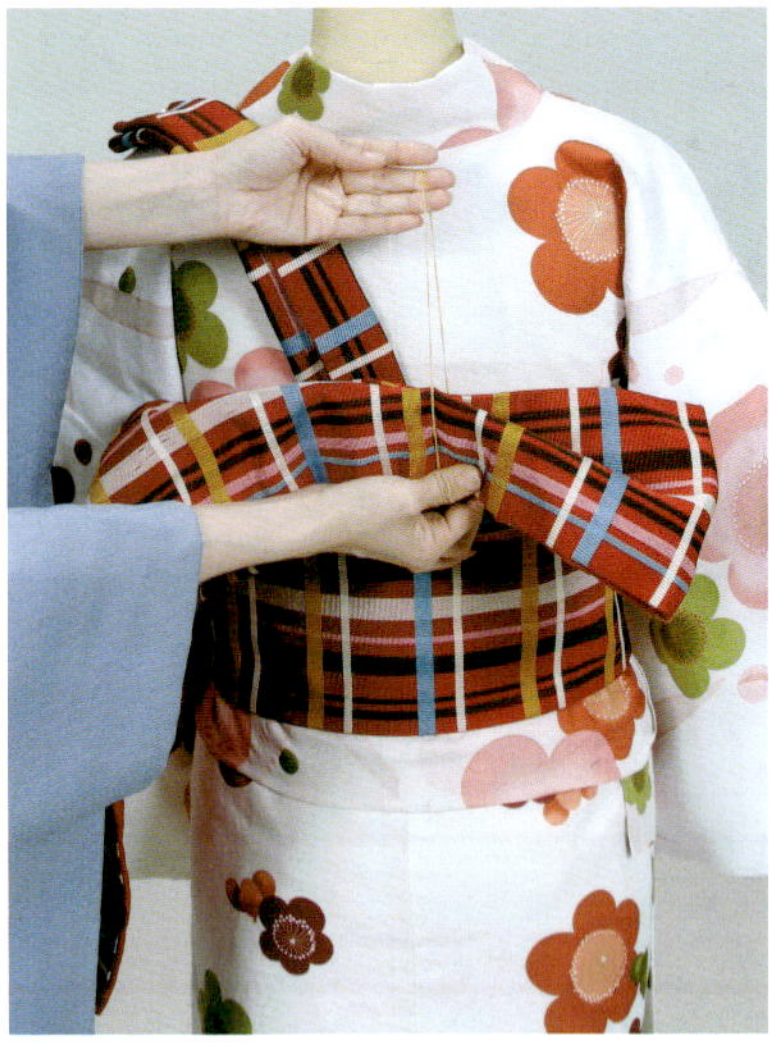

4
さらに左に返し、約20㎝の右羽根をとり、同様に一つ追いヒダを作り、輪ゴムで止めます

5
次に上の羽根を作ります。そのまま裏を見て

6
左羽根に少し裏が見えるように折り返し

7
中心で一つ追いヒダをとり

8
輪ゴムで止めます

9
テ元を下げ、ヒダの中心を包み込む様に

10
一回転し

11
余りは、背側の中を通って帯下まで、しっかりと引き込み

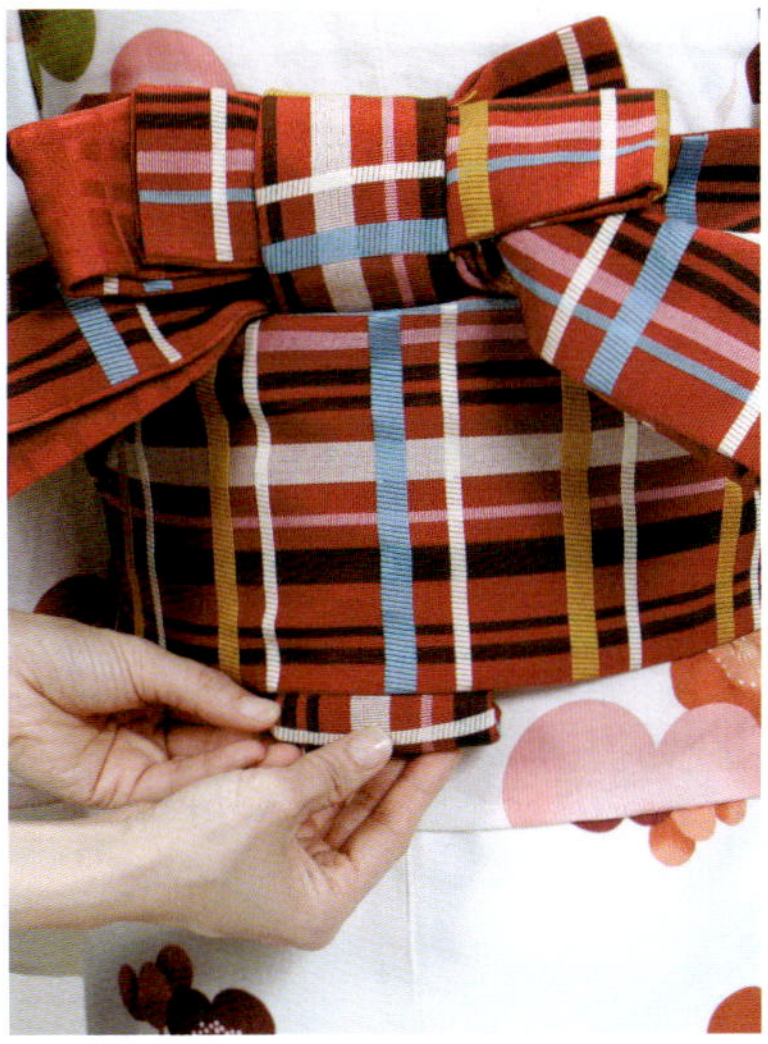

12
余りをクルクルと巻き込み

13
帯下に入れ込みます

14
仕上がりです。文庫の上にリボンが乗った様に仕上げましょう

浴衣　夏空

幅30㎝もある帯を使って夏の青い空にぽっかり浮かんだ入道雲をイメージして結んでみました。

1
帯表を見て、右角1㎝、左角3㎝折り上げ、この角度で

2
六つヒダをとり、帯幅中心と右帯線がドッキングします

3
その延長を合わせると三つ山ヒダが生まれます（クリップとクリップ間は、約25㎝）

4
③のクリップとクリップをこの写真の様に丸みをつけながら

5
左のクリップを右のクリップに重ねます

6
クリップをはずし、フィットゴムで結びます

7

左のヒダ先を回転させ、結んだゴム紐に挟みます。〔青雲ヒダ〕の仕上がりです

8

〔青雲ヒダ〕を背中心におき、テ元、タレ元を交差させ、三重ゴム紐で止めます

9

タレ元を二つ追いヒダにしておきます

10

垂先まで追いヒダにし

11

垂先15㎝を背中心の一本目のゴム紐に入れます

12

余った羽根を左右に振り分け、追いヒダのまま二本目、三本目のゴム紐で×掛けにします

13

その羽根を広げます

14

垂先も広げ、形付けます

15

〔青雲ヒダ〕を形付けて、仕上がりです。おおらかに結びましょう

浴衣 笑み

夜店で金魚すくいをしている女の子。微笑ましい情景に…思わず私もニコッ！
しわ加工の帯なので、ちぢみを上手に利用し、可愛く乙女チックに結んでみました。

1
胴に二巻きし交差させ、四重ゴム紐フックで止め、手先25cmを折り返し、裏箱ヒダをとり

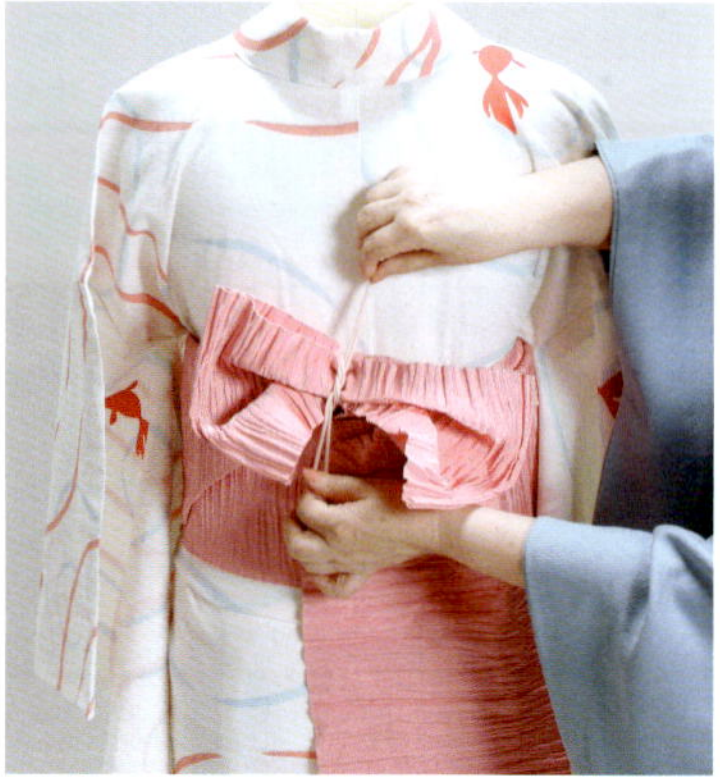

2
カラーゴムで結び、右側にも裏箱ヒダをとり、同じゴム紐で結びます

3
四重ゴム紐フック二本目で止めます

4
垂先に35cmの三つヒダをとり

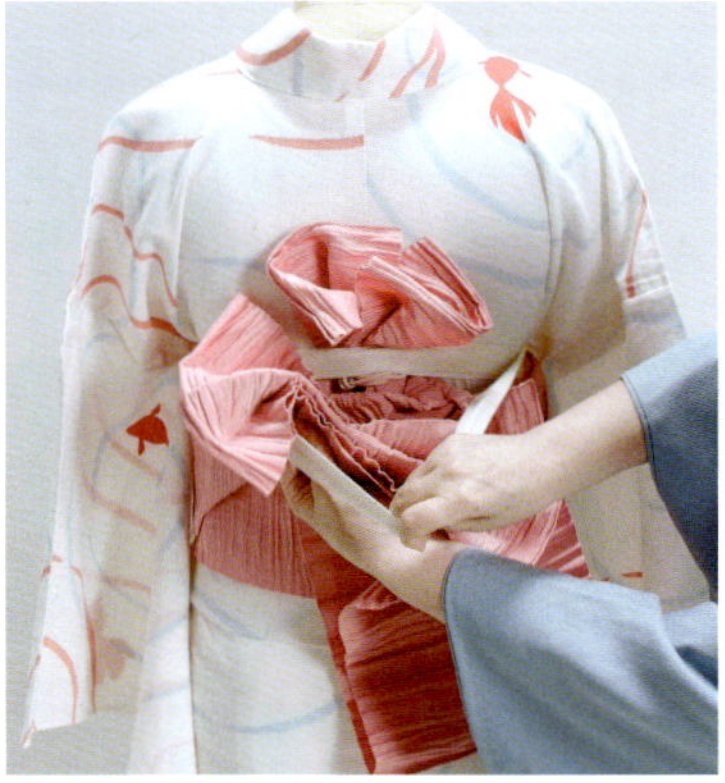

5
左のヒダを四重ゴム紐フック三本目で止め

6
四重ゴム紐フック四本目で×掛けにします

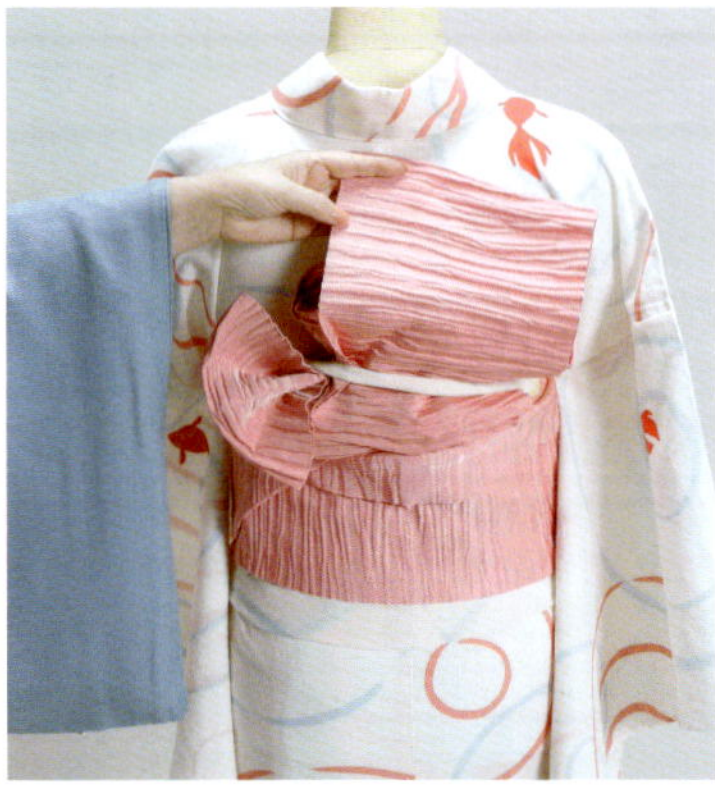

7
余ったタレ元を四本目のゴム紐フックに重ねて挟み

8
太鼓の部分にします。可愛い金魚が尾を震わせている様に形付けます

浴衣　ふわふわ

楊柳（ようりゅう）の2本の桜小紋の帯を使用して、
お母様でも結んでいただける簡単で可愛らしい結び方です。

1 胴に二巻きし、背中心で

2 帯丈を同寸にします

3 左を上にして、下から上に一結びし、下になった帯を

4 右側で15㎝とり、③で肩に上がっていた帯を

5 くぐらせ、一結びします

6 『ふわふわ』結びの仕上がりです

7 古布で出来たうさぎのマスコットを飾って見ましょう（いろいろな工夫で楽しんでください）

8 前姿の仕上がりです

浴衣　ひまわり

日本の女の子にピッタリな大正ロマン調の浴衣。
帯結びは大輪の"ひまわり"を咲かせて、彼と花火見物へ！

1
手先をクルクルと一回転半させ

2
さらにタックをとりながら回転させ

3
もう一ヒダつまみ

4
ゴム紐で結びます

5
ひまわりの花が出来ました

6
帯幅を決めて胴に二巻きし、テ元とタレ元を交差させます

7
「ひまわりヒダ」を背中心より左におきます

8
垂先より50㎝を上に折り返し

9

中心を追いヒダにして、ゴム紐で結びます

10

前で結べる位の太めのゴム紐をくぐらせ

11

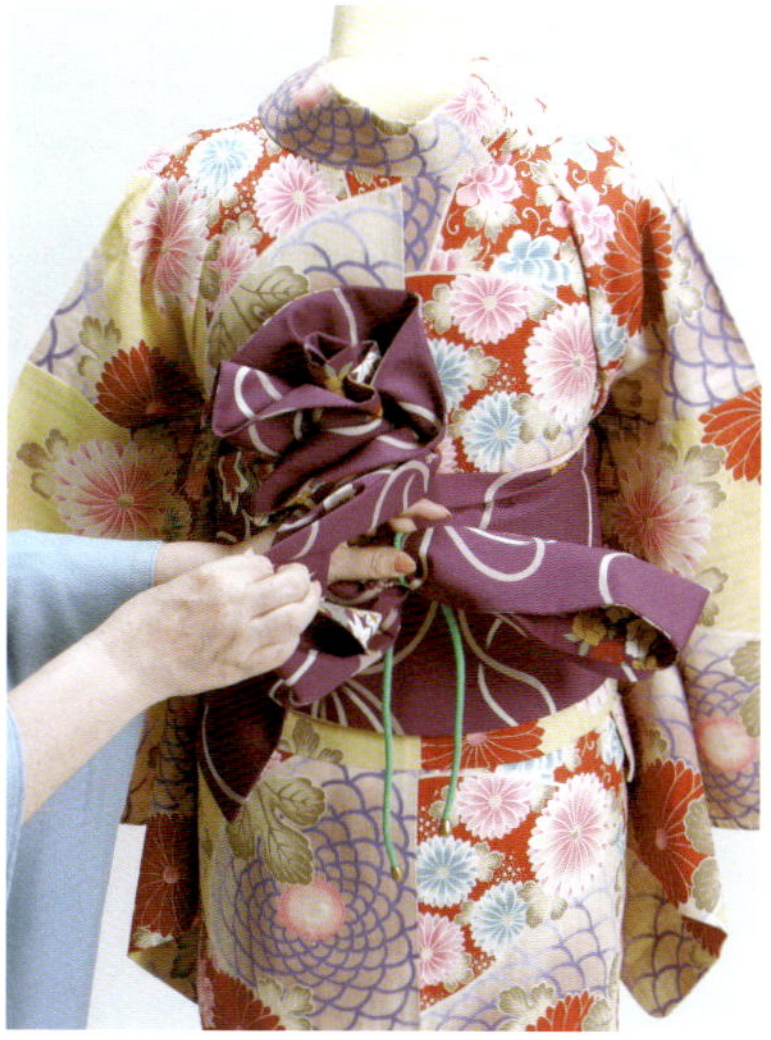

タレ元を中心に戻し、結んだヒダを一回転させ

12

⑩のゴム紐を前に送り

13

前で結びます

14

両羽根を下げ文庫風にします

15

「ひまわりヒダ」を整え

16

『ひまわり文庫』の仕上がりです

17

太鼓の部分を両羽根と同様にしても楽しくなります

浴衣　貝の口

格子横段違いの麻の浴衣に麻の帯。凜とした浴衣は、麻の長襦袢で正統に着る。襟だけつけて着る。着方は様々ありますが、今回はちょっと粋に大人の雰囲気を出してみました。涼感を呼ぶ爽やかさも感じられる仕上がりです。

1　手先60cmを背中心で1/2幅にし、一巻きして

2　背中心より6cmあけ

3　手の方をくぐらせ、一結びします

4　手はワを右にしておきます

5　タレ元（結び目）を帯の胴の中に入れ

6　布目を真っ直ぐに正し

7
垂先を背中で一旦重ねて、仮紐をします

8
手先をこの様に斜め上に入れます

9
ワになったタレをテの向こう側に入れ、引き上げます

10
帯〆をします

11
背の仮紐を引き抜きます

12
仕上がりAが出来上がりました（垂先をしまった形です）

13
玉などひと工夫するのも楽しいものです

14
仕上がりBの出来上がりです（垂先を出した形です）。腰回りの気になる方に最適です

立矢系

文庫系

太鼓系

〔希巳子ヒダ〕太鼓系帯結び

〔希巳子ヒダ〕の作り方と使い方を覚えると、あらあら不思議！

太鼓系・文庫系・立矢系、三種類の帯がすべて結べてしまう！　サロンで役立つ変化帯です。

〔希巳子ヒダ〕の折り方

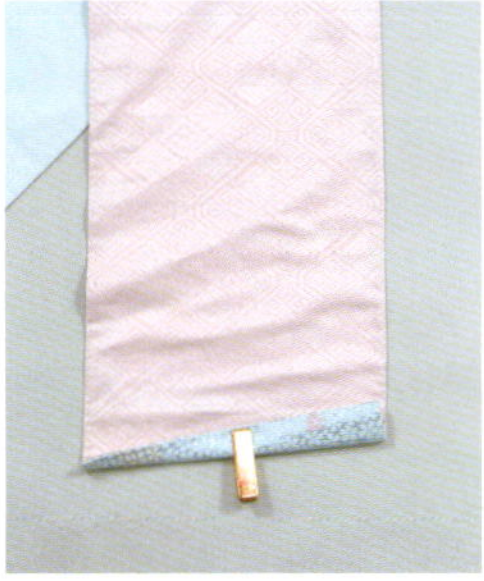

1 手先帯裏をみて、右帯端角1・5㎝、右角0・5㎝を一回折り上げ

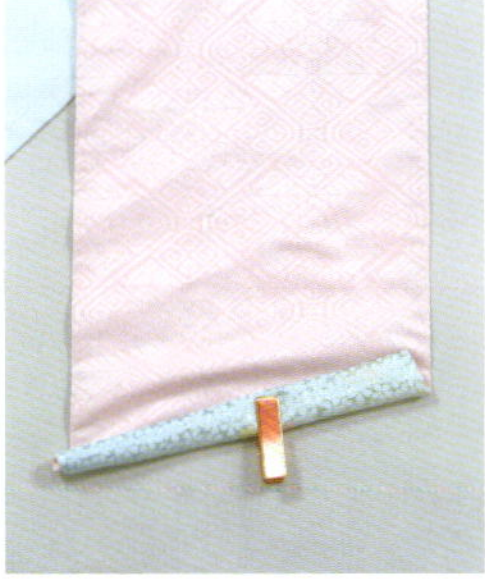

2 二回、三回と巻き

3 表に返してスライドさせながら、四つ山ヒダをとると、五つ山ヒダを作る事が出来ます。クリップで止めます

4 その延長のヒダを寄せると、三つ山ヒダが生まれています。そこにもクリップを止めます

5 そのクリップとクリップを寄せ込み

6 ドッキングさせます

7 フィットゴムで結び

8 〔希巳子ヒダ〕の仕上がりです。渦巻き調に高さをスライドさせたり、横開きにしたり、垂れ下がらせたり、変化の出来るヒダです

9 〔希巳子ヒダ〕を背中心におき、胴に二巻きし、テ元、タレ元を交差させ、仮紐をします

10 タレ元より30㎝位置で左に一タックをとり

11 垂先38㎝を回転させて左帯端を5㎝折り込み

12 30㎝の山を合わせ

13 帯枕の背面に、しわのない様にひと撫でし

14 長目の帯枕を入れます。背中にピタッと添わせ、枕の位置を決めます

15 太鼓の長さを30㎝にし、折り上げ

16 垂れの長さを決め、仮紐をします

17 帯〆をし、形を整え、仮紐を抜き取ります

18 形を整え、『〔希巳子ヒダ〕太鼓系帯結び』の仕上がりです。〔希巳子ヒダ〕は、太鼓に垂れ下がった感じが良いでしょう

〔希巳子ヒダ〕文庫系帯結び

〔希巳子ヒダ〕を逆さ使いにしてみましょう。ニュアンスが変ります。

1 胴に二巻きし、テ元とタレ元を交差し、四重ゴム紐フックで止めます

2 タレ元より垂先まで、1/3幅にし、垂先より80㎝を背にあて

3 四重ゴム紐フック二本目で止めます（タレ元より帯がねじれにない様にします）

4 三つ折りにした片側を開き、20㎝幅にします

5 垂元の中心から左右に開き

6 25～30㎝の帯丈をとり、表、裏と合わせます

7 さらに、背中心で追いヒダを一つとり

8 四重ゴム紐フック三本目で止めます

9 右の文庫も同様にしますが、内側も追いヒダをとり、この様に上に上げ

10 四重ゴム紐フック四本目で×掛けに止めます

11 左右対称に文庫が出来上がりました

12 帯枕をします

13 手先を持ち上げ、三つ折りされた手先を写真のように開いてみます

14 ⑩の四本目のゴム紐フックにこの手先を下から上に挟み込みます

15 太鼓の部分を整え、帯〆をします

16 手先ヒダを可愛らしくあしらい、その延長上をこの様に裏を出してアレンジしてみても楽しいでしょう

17 文庫の重ねを美しく重ね、「希巳子ヒダ」のループをスライドさせ、表情を整えましょう

18 『「希巳子ヒダ」文庫系帯結び』の仕上がりです

〔希巳子ヒダ〕立矢系帯結び

この帯結びは背の高い方、肩幅の広い方、ふくよかな方をすっきり見せます。

1
〔希巳子ヒダ〕を横長におき、テ元、タレ元を交差させて四重ゴム紐フックで止めます

2
タレ元裏を見てねじれない様に回転させ、垂先より30cmの所を四重ゴム紐フック二本目で止めます

2′
立矢なので、正柄にこだわる場合は、タレ元を見て

3
垂元より帯を開きます

3′
左に寄せ（左手）開きます。タレ元が左上ることによって、正柄になります

4
少しタレ元を引き込み

5
帯幅を20cmにし、一つ追いヒダを上帯一枚でとり

6
裏側も同様に追いヒダをとり、合わせます

7
タレ元も同様に追いヒダをとり、タレ元を整え、四重ゴム紐フック三本目で止めます

8
帯が柔らかい時は立矢の芯を入れても良いでしょう。なお、クリップで上下ワが揃う様に止めておいても良いでしょう

9
帯枕をします。逆さ使いにして枕のコーナーを帯上線にかませ、立矢のラインにおきます

10
太鼓を下ろし、クリップ位置より手先の幅を狭くして

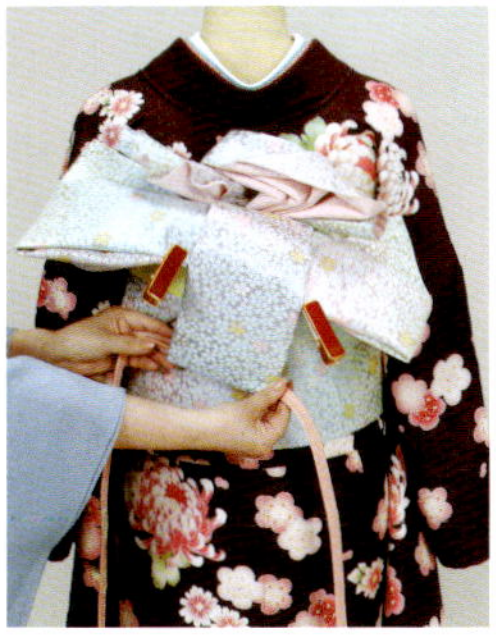

11
手先を中に折り込み、帯〆をします

12
『〔希巳子ヒダ〕立矢系帯結び』の仕上がりです

モネの庭

創作帯結び　モネの庭

静かな水辺の緑の葉の中に、白い高貴な花を咲かせる睡蓮。
画家モネが描く睡蓮の庭をイメージして創作してみました。

1 手先より48cm折り返し

2 4cm幅で折り上げ

3 二つ屏風ヒダをとり、中心にクリップをします

4 右にずらしながら、三つ、四つヒダを折り、五つ目は帯縁を中心で添わせます。五つ山ヒダになりました

5 ④の五つ山ヒダの反対側に陰ヒダを二つとり

6 クリップをします。七つ山ヒダが出来ました

7 その延長上の布目を整えると、18cm～20cm位置にさらに三つ山が生まれます

8 その三つ山を七つ山ヒダにかぶせ、ゴム紐で結びます。中を通して

9 「モネヒダ」「手先ヒダ」の仕上がりです

10
胴に二巻きし、〔モネヒダ〕を下に、タレ元を上にして四重ゴム紐フックで押さえます

11
タレ元より18㎝折り返し、左肩におき（三つ折り14㎝幅にする）

12
四重ゴム紐フック二本目で止めます

13
〔モネヒダ〕を中心におき、ヒダ元を四重ゴム紐フック三本目で止めます

14
タレ元の延長上25㎝にクリップし

15
持ち上げて四重ゴム紐フック四本目で止めます

16
中心に帯枕をします

17
バランスを見ながら帯〆を締めます

18
『モネの庭』の仕上がりです。〔モネヒダ〕を大らかに結ぶのがこの帯結びの特徴です

イヴの日

創作帯結び　イヴの日

背の高いお嬢様にピッタリな帯結びです。胸やお袖のフリルが若さを際立たせます。
クリスマスイヴのパーティーで、星のようにキラキラ輝いて彼と楽しいひと時を!

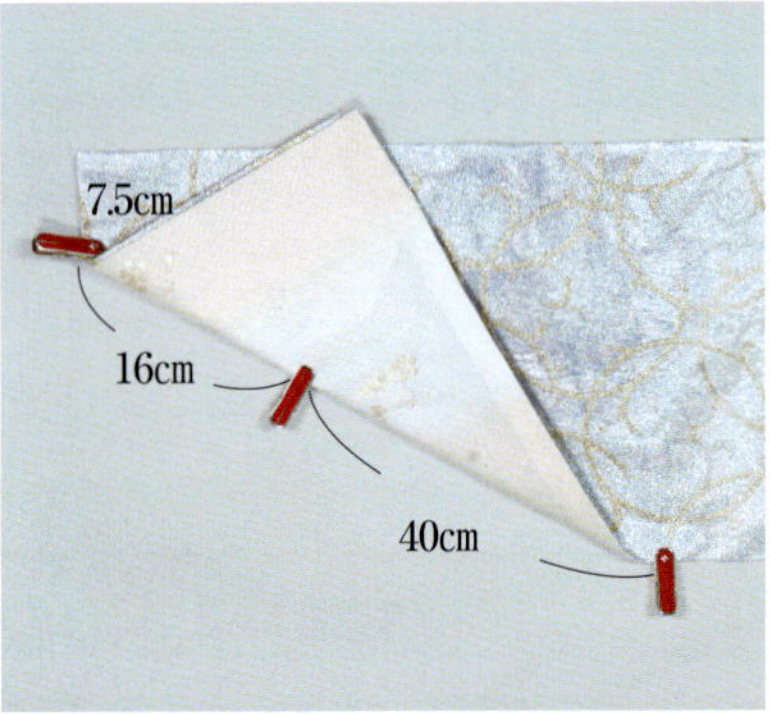

1
最初の寸法を決めます。帯を左から右に流し、手先帯表を見て帯端角より7・5㎝と帯下40㎝を結び、上に折り上げ、16㎝にクリップしておきます

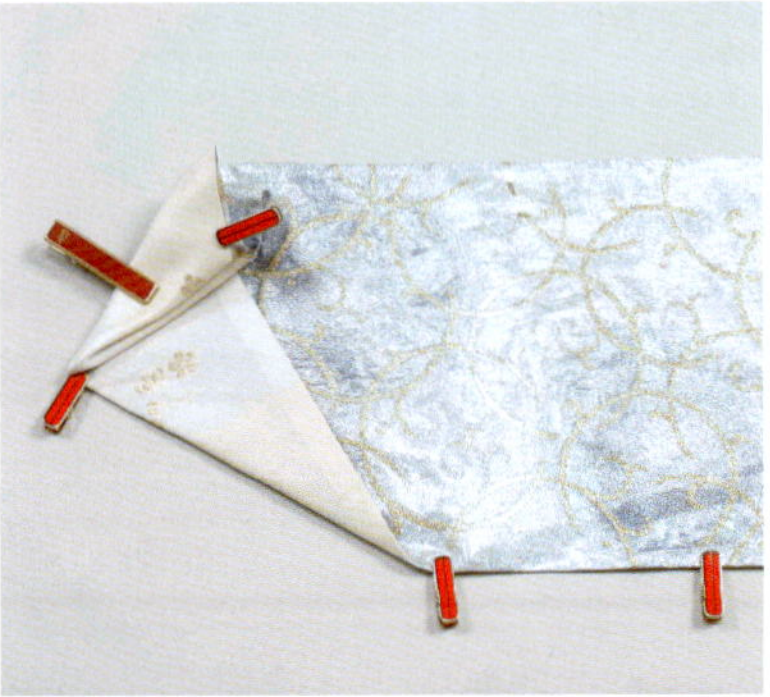

2
クリップ位置から折り下げ、折り上げ、折り下げると二つヒダが生まれます

3
②の二つヒダに添わせて持ち上げると三つヒダが生まれます。さらに折り上げ、輪を合わせると四つヒダになりました

4
その左手下から5～6㎝の所（七つヒダの中心となる所）をカラーバンドで結び、抜けないようにもう一本引きゴムを掛けておきます

5
帯の方向を変え、一旦開き、40㎝より折り返し、60㎝位置まで一回、二回と折り上げ（巻き込み）60㎝とヒダの芯を右手で持ち

6
向こう側の帯縁を引き寄せ、右手に添わせ、余りを向こう側に折り

7
⑥の向こう側に折った余りを処理し、カラーバンドで結びます

8
裏の処理（裏から見たヒダです）

9
四方に広げて、「星座ヒダ」の仕上がりです

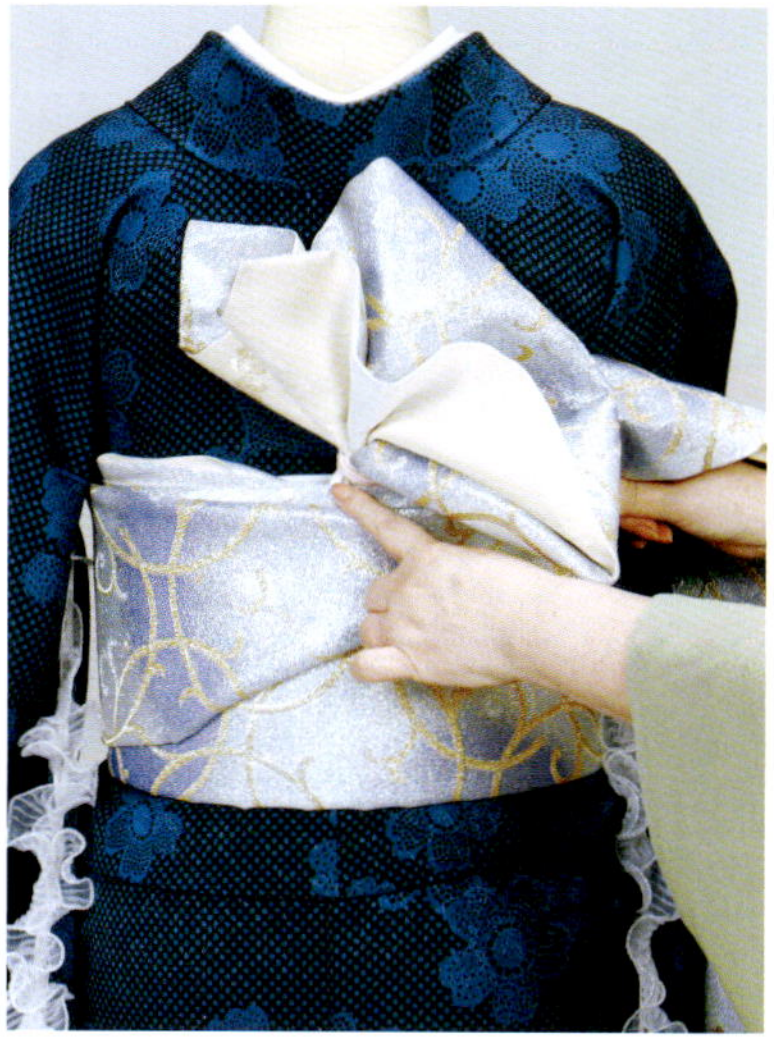

10
〔星座ヒダ〕を背中心におき

11
垂元を中心より右で折り上げ、四重ゴム紐フックで押さえます（帯幅は1/2幅にしておく）

12
垂元より輪を上に左肩に上げ下げし、四重ゴム紐フック二本目で押さえます

13
その延長を背側に折り上げ

14
四重ゴム紐フック三本目を左肩に上げた輪の中に通して止めます

15
その延長を一旦下げ内側に回転させ、四重ゴム紐フック四本目で止めます

16
帯枕を垂先の下にもぐり込ませ、結びます

17
帯〆で中にクルリと巻き込み、締めます

18
〔星座ヒダ〕をバランスよく曲げ、『クリスマスイヴの日』が仕上がりました

1

2

3

4

5

6

7

8

9

10

11

12

13

14

15

16

17

18

19

20

21

22

23

24

25

26

27

28

29

30

31

32

●今回のヘアスタイルは、お着付けの諸先生方に担当していただきました。

『WAKU♥WAKU帯結び』制作を終えて

日本人の生活に密着している様々なお祝い事や行事に欠かすことの出来ない着物。日本の伝統、日本の文化である着物。その素晴らしさを日々実感する中で、次世代を担う方々に、ぜひ、和装の楽しさを知って欲しいという想いから全日本華秀会を主宰し、全国で講習会を行ってまいりました。

先回、新美容出版株式会社から『KIMONO 希巳子 88 COLLECTION』を出版致しました時は、作品集も兼ねての小松希巳子テクニック本でしたが、今回は私の主宰する全日本華秀会の師範講師加藤待子さん、菅原佳子さんと三人のセッションで、太鼓、文庫、立矢の基本型と各々の成人式とヴァリエーションを60代、50代、40代それぞれの世代の感性を活かして表現するというもので、やってみたいと快くお引き受けすることに致しました。

帯結びは幅31㎝、長さ4ｍ40㎝の帯が、人間の体に巻きつくことによって、平面から立体（花、月、星座、宇宙）、情景（祭り、詩）等々を表現でき、色や香りまでをも伝え、さらに、着物をお召しになる方々の人となり（優しさ、可愛らしさ、艶っぽさ）までも見る人々に感じさせることができる無限の可能性を秘めた世界と言えるのではないでしょうか。

「少しでも和装への興味を持ってくれる美容師さんを増やしたい！初めての人でもやってみたくなるような本を作りたい！新美容出版から和装の本を無くしたくない！」という長尾明美社長の真摯な想いが伝わって、初心に返り、基本に忠実にと自分に言い聞かせ、ベーシックを伝える難しさを痛感しながらも、今を生きる人々に、若人の生活ニーズに合わせ、ファッション性も持たせ、浴衣や創作帯結びで楽しさと「希巳子の世界」も控えめに匂わせ、『WAKU♥WAKU帯結び』が誕生致しました。

勉強してみたい、覚えてみたい、営業に役立てたいと思っていただけたら嬉しいです。

今回は付け下げのお着付けと二重太鼓の帯結びを映像でご覧いただけるDVDも特別付録として付けていただきましたが、より良く学んでいただくと共に私の指先から着物の扱いや着付ける心を汲み取っていただければ幸甚に存じます。

日本人として、着物を着る楽しさ、誰かに着付けてさしあげる嬉しさ、喜びを次世代に受け継ぐ役割を、ヘア、メイク、着付けとトータルで出来るのは美容師である、と確信してやみません。皆様にとってこの本が和装との素敵な出会いとなりますように…。

最後に、加藤待子さん
菅原佳子さん
と共に共同制作出来ましたこと、心から感謝申し上げます。

又、木村仁美さん、青木千鶴子さん、西田美加さん、石井佳子さん他全日本華秀会講師の皆様にもご尽力いただきました。出版に向かい共に力を合わせて作品を作ることが出来ましたことは、今後の会にとっても新たな励みとなることでしょう。ありがとうございました。

小松希巳子（全日本華秀会主宰）

プロフィール

小松希巳子（株式会社シャンゼ代表取締役社長）

花嫁着付け研究会「全日本華秀会」主宰、同会長／百日草「花粧会」講師会員／匠委員
ブライダルプロデューサー／カラーアナリスト
高知県高知市出身／資生堂美容学校卒業／現在高知市内に美容室、エステティックサロン、ブライダル部門（新阪急ホテル内他）を経営。
1980年 全国ヘアーデザインコンテストグランドチャンピオン受賞／1983年 紅の花メイクコンテスト臙脂賞第一席受賞／1985年 ロレアルジャパン代表としてパリで開催された世界大会に出演／1985年 花嫁着付けコンテスト千葉益子賞受賞／1987年 花嫁着付け研究会「全日本華秀会」発足／1995年 花粧会新趣帯結び創定委員／1995年 21世紀先取りセミナーを京都、東京にて開催／1999年日本着付け学術会技術委員／1999年『KIMONO 希巳子 88 COLLECTION』を新美容出版（株）より出版／2006年 高知、大阪、和歌山、東京で『確かな技術、豊かな感性』をテーマに月例会開催
若い方々に和装を楽しんで着ていただくために、和装小物、花嫁着付け小物商品（華秀衿、二部式引き抜き台衿、フリル）を積極的に開発。かつら髷のデザインや、オーガンディーの打掛けなど固定観念にとらわれず、自由自在の発想で花嫁創作作家として活躍中。

加藤待子（株式会社TOKO代表取締役社長）

全日本華秀会師範講師
インターコワフュールジャパン（I.C.J.）会員
日本ヘアカラー協会（JHCA）会員
百日草花粧会講師委員
新潟県出身／新潟美容学校卒業
2002年 紅の花メイクアップコンクール入賞
2003年 I.C.D. インターコワフュールモンデアールジャパンチーム参加
2005年 千葉益子賞 蘭花賞受賞
現在、美容室西武グループを率いて活躍中。

菅原佳子（有限会社菅原代表）

全日本華秀会師範講師
百日草花粧会 新趣帯結び創定委員
社団法人宇和島美容学校メイク講師
愛媛県宇和島市出身／宇和島美容学校卒業
1994年 第13回紅の花メイクアップコンクール第一席 受賞
1999年 第15回千葉益子賞花嫁着付けコンクール千葉益子賞第3席1受賞
現在、和装着付けの分野で若手ホープとして今後の活躍が期待されている。

SPECIAL THANKS

衣裳提供	ブライダルスクエアーひよしや	〒780-0822 高知市はりまや町2-11-20 TEL：088-882-9611
	東京 金匠苑	〒170-0002 東京都豊島区巣鴨1-33-2 TEL：03-5395-6680
	京都 松粋苑	〒600-8458 京都市下京区油小路松原下ル樋口町303 TEL：075-351-3429
	キミコ コレクション	〒780-0870 高知市本町4-2-50 TEL：088-875-3217
	有限会社 クイーンズKATO	〒187-0042 東京都小平市仲町207-17 TEL：042-344-2576
	Be Wedding SUGAHARA	〒798-0033 愛媛県宇和島市鶴島町2-19 TEL：0895-22-1214
メイクアップ	早川 知恵子	〒279-0022 浦安市今川2-1-37-B202 TEL：047-381-5528
デザイン協力	狩野 千英（TWO ONE）	
編集協力	林 みつえ	

WAKU♥WAKU帯結び
特別付録DVD付き

監　修　小松希巳子
編集人　長尾明美
発行者　長尾明美
発行所　新美容出版株式会社
〒106-0031 東京都港区西麻布1-11-12
代　表　tel 03-5770-1230
販売部　tel 03-5770-1201　fax 03-5770-1228
http://www.shinbiyo.com
印刷·製本　凸版印刷株式会社

定価（本体3,800円＋税）検印省略
平成18年 8月 8日 第1刷発行
平成18年 9月 4日 第2刷発行
平成18年12月 7日 第3刷発行
平成19年10月23日 第4刷発行
平成27年 4月10日 第5刷発行